产品设计基础课

产品设计思维

谭嫄嫄　覃芳圆　曹向楠　潘蓝菁　主编

化学工业出版社
·北京·

内 容 简 介

本书基于立德树人、文化自信的教学宗旨，为学生从事产品设计提供创新思维训练内容。本书主要介绍产品设计思维的基本问题，讨论产品设计思维的概念、类型和方法。教材编写团队从设计思维的内涵、历时性、思维面向等三个维度出发进行教材内容的组织：一是从专业发展和产品设计概念的演变和内涵，定义产品设计思维的概念和基本特征；二是介绍中国传统设计思想中的设计思维，及其对当代产品设计的启迪；三是从问题、功能、形式、社会、整合创新等维度，阐释相应的产品设计创新思维及其应用原则，并结合案例进行探讨。

本书适用于产品设计、工业设计等专业大一或者大二的学生，在进入产品设计专业技能学习之前，通过对产品设计思维的了解和技法的训练，建立对产品设计本质和创新途径的系统认识；也可作为产品设计初学者的学习资料使用。

随书附赠资源，请访问 https://www.cip.com.cn/Service/Download 下载。

在如右图所示位置，输入"42771"点击"搜索资源"即可进入下载页面。

图书在版编目（CIP）数据

产品设计思维 / 谭嫄嫄等主编. —北京：化学工业出版社，2023.2
（产品设计基础课）
ISBN 978-7-122-42771-7

Ⅰ.①产… Ⅱ.①谭… Ⅲ.①电子商务-产品设计 Ⅳ.① F713.36

中国国家版本馆 CIP 数据核字（2023）第 016192 号

责任编辑：吕梦瑶　陈景薇　冯国庆　　　　　　装帧设计：韩　飞
责任校对：王　静

出版发行：化学工业出版社（北京市东城区青年湖南街13号　邮政编码100011）
印　　装：北京缤索印刷有限公司
787mm×1092mm　1/16　印张9　字数176千字　2023年6月北京第1版第1次印刷

购书咨询：010-64518888　　　　　　　　　　　售后服务：010-64518899
网　　址：http://www.cip.com.cn
凡购买本书，如有缺损质量问题，本社销售中心负责调换。

定　　价：68.00元　　　　　　　　　　　　　　　版权所有　违者必究

前言

思维是人类所具有的高级认知活动。设计以创新为使命，创造性思维的养成是设计人才培养的重要一环。无论是工业设计还是产品设计专业，创造性思维的形式及其训练方法一直都是本科专业核心课程"(产品)设计方法学"的主体内容，创造性地解决问题是思维培养的核心。伴随产品设计概念的泛化和设计实践边界的扩展，解决问题的面向变得多元，解决问题的程度变得多样，因此，本教材撰写团队尝试引入产品设计思维的概念，强化学科、专业的本位意识，强化以人为本的设计"中心"意识，促进面向多元问题的产品设计思维培养，旨在帮助产品设计学习者调用合适的思维方式应对相关的设计问题。

本书一共有七章，其中第1章是产品设计思维概述，主要讲解设计思维概念的出现及其在产品设计中的作用，考察产品设计定义变迁中设计思维的转变，了解产品设计思维的基本特征；第2章是中国传统设计思想与产品设计，主要讲解中国传统设计思想的核心理念，各家学说的价值取向中所体现的设计思维内容，以此引导中国传统设计思维对现代产品设计启迪的思维意识；第3章是产品设计的问题思维，遵循"有对的问题才有有价值的设计输出"因果逻辑，突出设计的问题意识，聚焦问题的价值，洞察问题的思维训练，定义问题的方法等内容，强调以对问题本质的探寻作为产品设计思维的核心去思考设计的具体面向；第4章是产品设计的功能思维，主要反映设计面向用户消费问题的思考方式，涉及产品设计的功能属性分类、中国生活方式与功能创新思维的关系、功能创新思维运用的案例分析；第5章是产品设计的形式思维，主要讲解产品设计的形式美法则、中国样式的产品设计中的形式创新思维方法、相关法则可解决实际产品形式设计中的应用实践问题，着力于中国传统哲思中美的形式设计思维的当代转译；第6章是产品设计的社会思维，主要讲解产品设计的社会属性、产品设计中社会创新思维的运用及其实践案例，重点是引入社会思维扩展当代产品设计创新的问题面向；第7章是产品设计的整合创新思维，在交叉学科兴起的时代语境下，讲解多元文化技术整合设计的创新思维发展、整合创新设计的原则，结合实践案例梳理基于整合创新思维发掘问题的不同角度。

本书编写遵循"传-思-做"的知识传授思路，主要具有以下三个方面的特点。

（1）铸牢中国设计的文化底色，突出中国设计思维意识

以思政内容融入现代设计知识讲授为基本原则，在每个思维形式中有针对性地渗透中国传统设计思维的相关内容，铸牢中国设计人才培养的文化底色。

（2）创新专业知识的传授方法，改变课程教学方法

产品设计思维能力的培养是对学生设计悟性的培养，教材在编写中设置引子和课后问题，结合实践案例，引导学生系统性地进行独立思考。教师在讲授过程中可以结合教材内容，进行问题研讨式、情景互动式等多种不同教学方式，充分调动学生主动思索的意识。

（3）丰富案例学习资源，引导学生养成产品设计思维形成的习惯

产品设计思维强调创造性，创造始于问题，并于具体问题的具体实践过程中展开。教材编写团队认为对学生设计思维能力的培育，应该重视知识的应用性，对于学生设计思维能力的培养，需要落实在教学的每一个环节中。学习资源是教学内容的重要支撑，本书的每个章节都有对应的设计案例详解，能很好地辅助学生对学习内容的理解。

本书强调以问题的核心价值作为产品设计创新的主要驱动因素，试图立足与时俱进的教育理念、内容以及方式，注重知识的整合。本书主要面向低年级的本科学生和设计初学者，因此教材编写团队在知识体系的建构中，希望能更通俗易懂，接近目前产品设计的大部分实践领域。本书的撰写由桂林电子科技大学艺术与设计学院产品设计专业教学团队完成。第1章、第6章、第7章由谭嫄嫄编写，第2章由潘蓝青编写，第3章、第4章由覃芳圆编写，第5章由曹向楠编写。设计学、艺术设计专业的蒋彭汝、任晓晓、韦韬、平原、吕萌等研究生在资料收集、整理、格式调整等方面出力很多。本书的编写主要基于所在院校的实践，囿于视野和经验，难免存在一些不足之处，例如对创造性思维的内容有所取舍，对传统思维知识传授的体系有一定的打破，对思维训练工具的介绍还不够系统，应用性还有提升的空间等。希望广大读者多提宝贵意见。

编者

/ 目录

第 1 章 / 产品设计思维概述　　　　　　　　　　　　　/ 001

1.1　设计思维　　　　　　　　　　　　　　　　　　　/ 002
1.2　产品设计概念的内涵发展　　　　　　　　　　　　/ 007
1.3　产品设计思维的基本特征和应用原则　　　　　　　/ 012

第 2 章 / 中国传统设计思想与产品设计　　　　　　　　/ 023

2.1　中国传统设计思想概述　　　　　　　　　　　　　/ 024
2.2　中国传统设计思想中的设计思维　　　　　　　　　/ 027
2.3　中国传统设计思维对产品设计的启迪　　　　　　　/ 034

第 3 章 / 产品设计的问题思维　　　　　　　　　　　　/ 041

3.1　什么是有价值的问题　　　　　　　　　　　　　　/ 042
3.2　洞察问题的思维　　　　　　　　　　　　　　　　/ 045
3.3　定义问题的方法　　　　　　　　　　　　　　　　/ 049

第 4 章 / 产品设计的功能思维 / 053

4.1 产品设计的功能属性 / 054
4.2 生活方式与功能创新的思维方法 / 059
4.3 功能创新的案例 / 064

第 5 章 / 产品设计的形式思维 / 069

5.1 产品设计的形式美法则 / 070
5.2 中国样式的产品设计与形式创新的思维方法 / 082
5.3 形式创新的经典案例 / 089

第 6 章 / 产品设计的社会思维 / 093

6.1 产品设计的社会属性 / 094
6.2 社会创新思维与产品设计 / 096
6.3 基于社会创新思维的产品设计案例 / 103

第 7 章 / 产品设计的整合创新思维 / 109

7.1 产品设计的整合创新发展趋势 / 110
7.2 整合创新设计的基本流程及设计原则 / 115
7.3 产品整合创新设计案例 / 122

参考文献 / 136

第 1 章
/ 产品设计思维概述

/ 知识体系图

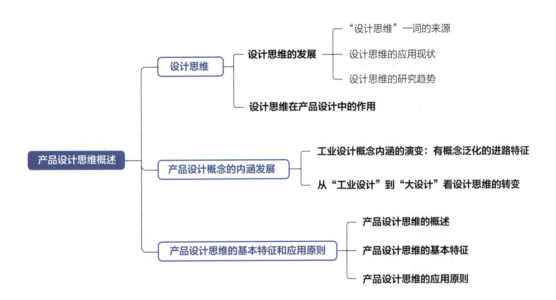

/ 学习目标

知识目标

1. 了解什么是设计思维。
2. 了解设计思维在产品设计中的作用。
3. 掌握产品设计思维概念的基本特征和应用原则。

技能目标

1. 能够运用产品设计思维的核心原则发现和解决用户的问题。
2. 能够运用产品设计思维对产品进行创新设计。

/ 引例

> 设计思维是产品设计整体流程中较为重要的一环。设计思维的训练和培养来自于打破通常的意识规范,是一种敢于突破传统思维框架,提出新观点、新方法的思维形式。从工业设计的概念出发,面对日益发展的时代与社会,国际工业设计界前沿对工业设计所做的反思,不断赋予设计新的内涵。当代设计所面对的设计问题范围更广,所体现的设计思维呈现交叉、系统化的趋势。因此,为了设计出能够真正融入消费者生活并满足其需求的产品,产品设计师要了解工业设计内涵的设计思维转变以及学会系统性的产品设计思维方式。

/ 1.1 / 设计思维

1.1.1 设计思维的发展

(1)"设计思维"一词的来源

20世纪80年代,随着人性化设计的兴起,"设计思维"一词引起了世界的关注。在1987年出版的《设计思维》一书中,彼得·罗(Peter Rowe)首次使用了"设计思维"一词,为设计者和城市规划者解决问题提供了实用的系统依据。1991年,大卫·凯利(David Kelley)创立了IDEO公司,该公司以设计思维为核心理念,将其应用到工作中,并成功实现了商业化。1992年,乔治·理查德·布坎南(George Richard Buchanan)出版了《设计思维中的难题》,拓宽了设计思维的概念表达。此后,设计思维被广泛应用于工业、美术、工程、建筑、商业等领域。

(2)设计思维的应用现状

设计思维是通过提取设计师的思维方式,形成系统的方法和原则。设计思维的起源分为三个方向:人体工程学领域、传统设计领域、商业领域,如表1-1所示。

在不同学者提出"设计思维"概念之后,IDEO是第一家将设计思维应用于解决商业问题的公司。IDEO的创始人大卫·凯利后来在美国斯坦福大学创建了著名的斯坦福设计学院。学院将设计思维分为五个步骤:"同理心思考(Empathy)""需求定义(Define)""创意构思(Ideate)""原型实现(Prototype)""实际测试(Test)",如图1-1所示。

表 1-1 设计思维的起源

领域	时间	相关研究与应用
人体工程学领域	20 世纪 60～70 年代	1969 年，赫伯特·西蒙（Herbert Simon）出版了 The Sciences of the Artificial（《人工造物工程学》），其中给出了设计的一系列新分类和参数。他认为设计的一切都应该被视作是人为而不是自然的。 1973 年，霍斯特·里特（Horst Rittel）首先创造了"Wicked Problems（畸形的问题）"一词，他支持人类经验和感知在设计中的重要性
传统设计领域	20 世纪 80～90 年代	1987 年，哈佛大学建筑与城市设计专业的教授彼特·罗（Peter Rowe）出版了 Design Thinking（《设计思维》）一书，首次使用"设计思维"这个词语
商业领域	21 世纪 20 年代至今	莉兹·桑德斯（Liz Sanders）是应用设计研究的先驱，她的研究领域是实验心理学和人类学。当今以人为中心的设计和设计思维中使用的许多工具、技术和方法都可归功于她。 同时，她还是"Convivial Toolbox"（欢乐工具箱）的合著者，这是一本讲述设计研究产生过程的实用指南

图 1-1 设计思维步骤图

/ 案例分析

以泰国盲人学校为例来理解上述的五个步骤。

① 同理心思考。获取对需要解决的问题的共鸣，简单理解就是换位思考。该学校的学生群体存在不同程度的视力障碍。考虑到目标群体的特殊性，教室除了具备基本的上课功能外，还要满足视觉障碍学生群体的日常行为，这就要求设计师观察他们的生活行为、感受及思考方式，与学生们产生共鸣（图 1-2）。

图 1-2 泰国盲人学校内部空间

② 需求定义。以收集到的调查信息为基础,定义更精准的用户需求。在该案例中,学校的职能是教书育人,而设计的诉求也是希望通过改善设施来帮助学生获得知识与技能。所以,如何在空间中加入教育功能成为设计师需要解决的另一个问题。

③ 创意构思。这个阶段等同于头脑风暴。暂时跳出用户需求的局限,打破常规,发挥奇思妙想。在该案例中,学生是看不到的,所以设计师就要思考如何通过其他感官来建立学习环境(如触觉、嗅觉等)(图 1-3)。

图 1-3 泰国盲人学校互动游戏装置

④ 原型实现。做出简单的原始模型,用于测试上一阶段提出的解决方案。原型既可以是一个特定产品的模型,也可以是一个小规模的环境或过程的简单模拟。借助模型,我们可以模拟真实尺寸,感受空间,在模型中不断改进方案,优化细节(图 1-4)。

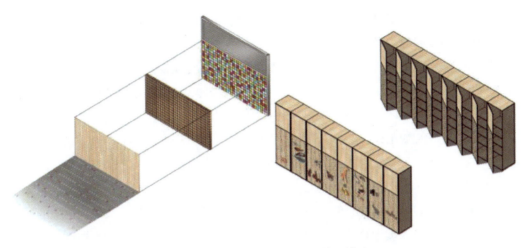

图 1-4　泰国盲人学校互动游戏装置模型

⑤ 实际测试。使用实现的产品原型或模拟环境来测试问题及用户需求等是否得到了解决。这个阶段非常重要,一些想法会在这个过程中被重新定义,甚至会发现新的问题。

总之,设计思维并不是必须要按照一个既定的流程顺序去完成设计,而是提供给我们设计过程的思考方式,其中的步骤顺序是可以灵活交替的。思维模型主要是帮助我们审查在设计的过程中是否有遗漏,每个阶段可以切换也可以同时进行,最终都是为了得出一个最佳的解决方案。所以,设计思维的核心除了意识到用户的真正所需外,还在于通过合理的问题假设挖掘解决办法。设计思维不仅存在于设计活动中,在日常的工作、生活中都可以应用它并取得更好的设计效果。

(3) 设计思维的研究趋势

当前,发展设计思维主要以认知科学为中心进行假设,运用认知心理学、认知神经科学和计算机技术,同时结合语言学、哲学等知识对在设计过程中的各种心理表征及心理表征所支持的心理程序运行过程进行探索和研究,从形式、关系、行为以及人类的互动与情感等方面全面探索设计者的思维规律。

① 基于认知心理学的设计思维。认知心理学研究认知行为和行为背后的内在心理过程,包括思维、决策、推理和动机。这门科学涵盖了广泛的研究领域,旨在研究人类记忆、注意力、感知、知识表征、创造力和问题解决的运作。由于设计思维不存在固定的知识表征模式和精确的计算程序,因此研究流程通常采用先提出严密的可解释、可预测的理论假设,再采用认知心理学实验来观察、测试设计者的设计行为和表现,验证假设,获得设计思维相关理论。目前,研究设计者最常用的认知心理学方法包括调查问卷、访

谈、观察法、输入－输出实验、对齐比较认知实验法以及口语分析法。其中口语分析法是当前设计思维研究中最常用的一种方法。

然而，当前认知心理学实验的设计（如问题假设、变量识别、控制和操作因子、被试选择等）以及实验数据的提取和分析缺乏统一的标准，导致所得到的设计思维相关模型和理论在普适性上不够稳健，不利于进一步的研究和应用。因此，可靠的标准以及实验数据的自动化提取和分析是未来研究的一个重点，其中后者已经有了可以借鉴的技术，如"声音－文字"转换技术、可用于草图提取的计算机视觉技术、数据挖掘技术等。

② 基于认知神经科学的设计思维。思维是由大脑来完成的，认知活动会激活大脑相应的区域，因此设计思维的心理表征理论应该得到神经科学的验证。具有无创性的神经影像学技术在了解人类大脑结构和功能方面有了一定的应用基础，特别是在创新认知方面。目前，在设计认知研究领域应用较多的是脑电图技术（Electroencephalography，简称EEG）和功能磁共振成像技术（Functional Magnetic Resonance Imaging，简称FMRI）。神经成像技术通过分析设计者进行设计任务时的脑部生理反应成像，探讨设计思维的生理基础，从而从神经科学的角度推导和评价设计中的知识表征理论。除EEG和FMRI等神经成像技术以外，其他定量生物测定技术也开始在设计认知领域得到应用，如应用生物信号监控技术进行心率变异分析实验，可用于监测设计者在概念设计各认知活动中的精神压力分布；应用眼动追踪技术进行远程眼球追踪实验，观察设计者在产品绘制过程中的视觉行为。

③ 基于计算机技术的设计思维。设计思维的各种心理表征理论需要具备实践上的可应用性。由于认知理论由表征结构和在结构上进行操作的加工过程构成，通过与计算机技术的数据结构和算法结构进行类比，模拟心理表征结构和加工过程，评估并修正理论模型，可以使表征结构和过程更加精确。人工智能技术和信息技术被应用于模拟设计者个人和设计团队在设计实践中的思维状态，通过模拟设计者个人解决设计问题的推理过程，对设计推理进行科学的描述和测量，以实现计算机自动化、快速处理设计问题的能力。当前研究提出了一种基于智能代理的仿真（Agent-Based Simulation，ABS）技术，在考虑设计者个人认知行为的同时考虑设计者之间相互的影响。目前所有的表征和计算的理论都是优缺点并存的，所以有学者认为有必要对不同类型的表征相互结合进行研究。因此，设计思维模拟可以考虑在认知心理学和神经科学的基础上整合各类表征理论，对包含多种思维表征的多重表征计算模型进行开发。

1.1.2　设计思维在产品设计中的作用

李月恩和王震亚在《设计思维》一书中写道："设计思维是寻找那些隐藏在表象背后

的含义并通过一定的组织方法有意识地表现其内在含义的过程，同时，也是体现人类设计思想创造性的一个重要渠道。"设计的发展从另一个角度来说也是设计思维的发展。刘影在《设计思维在产品设计中的运用》中通过实例得出结论："培养设计思维和创新思维能力是设计师必修的课题。在产品设计开发中，设计师思维能力的培养能够帮助其科学、全面地思考设计问题，能够在实践中采取并运用设计创意设计出具有新意的设计作品。"这里就提到在设计思维中如果只关注设计思维的过程，没有拓展自己的思维，就会导致思维僵化。很多问题都是设计师在不了解产品和使用情景的情况下做出的比较自我的判断。设计思维的本质并不是要让设计师局限于流程的框架，而是打破思维，跳出固定思维，这种行为本身就是设计思维的表现。在概念界定改变的背后，更是观念、理念与认知的深刻变化。概念认知在设计活动中具有重要意义，思维与概念密不可分，设计思维也是设计概念和思想的核心内容，起着极其重要的决定作用。设计师应了解思维特点，掌握创新技术，培养创新思维习惯，总结自己的创新技能。总之，培养设计思维对设计师来说非常重要，因为设计思维是设计师进入设计阶段和艺术表达之前的关键。

/ 思考与练习

1. 简述设计思维的发展流程。
2. 概述设计思维的五个步骤。
3. 通过实际案例分析设计思维五个步骤的实际应用。

/ 1.2 / 产品设计概念的内涵发展

从学科命名来说，产品设计从工业设计演变而来，具有工业设计批量化、标准化的基本内涵，这点毋庸置疑。要想了解产品设计思维就要先从工业设计的概念出发，掌握学科专业语境下产品设计的内涵。

1.2.1 工业设计概念内涵的演变：有概念泛化的进路特征

工业设计起源于 18 世纪 60 年代英国工业革命之后。当时出现了劳动分工、机器生产和商业的发展，社会和文化发生重大改变。大工业的生产方式出现越来越细的分工，理论界与设计界一同呼吁、探索新的设计方向。在设计实践中，欧美各国各领风骚，出现了英国的工艺美术运动、比利时和法国的新艺术运动、奥地利的维也纳分离派、德国的德意志制造联盟。每个运动或流派开始都起源于一个国家，但随后就迅速地波及整个欧洲，各国再糅以自己特色的民族文化，展现出一幅五彩缤纷的设计史画卷。严格地说，上述各运动与流派所从事的都只属于工艺美术风格的探索，不能算是真正的工业设计。因为这些设计师大多尚未有意识地为机械化的批量生产进行设计。

在第一次世界大战之后，德国于1919年成立的"包豪斯设计学院"（图1-5），进一步从理论、实践和教育体制三个方面推动了工业设计的发展。在19世纪20～30年代，欧洲还先后流行了艺术装饰风格、流线型风格，斯堪的纳维亚风格也在这一时期崭露头角。第二次世界大战的爆发，暂时阻断了文明的进程。

图1-5　包豪斯设计学院

"工业设计"这个词最早是在1919年由美国设计师约瑟夫·西奈尔（Joseph Sinel）提出的，用来代替工艺美术和实用美术这些概念。在1930年前后的大萧条时期，工业设计作为提高经济的有效手段，受到社会和企业家的重视。于1957年成立的国际工业设计协会（ICSID）曾多次给工业设计下定义。

1970年，国际工业设计协会将工业设计定义为："工业设计，是一种根据产业状况以决定制作物品之适应特质的创造活动。适应物品特质，不单指物品的结构，而是兼顾使用者和生产者双方的观点，使抽象的概念系统化，完成统一而具体化的物品形象，意即着眼于根本的结构与机能间的相互关系，其根据工业生产的条件扩大了人类环境的局面。"1980年，国际工业设计协会在巴黎年会上将工业设计的定义修正为"就批量生产的工业产品而言，凭借训练、技术知识、经验及视觉感受而赋予材料、结构、形态、色彩、表面加工及装饰以新的品质和规格，叫作工业设计。"之后，这一定义被广泛使用。而后指出"根据当时的具体情况，工业设计师应在上述工业产品的全部侧面或其中的几个方面进行工作，而且，当需要设计师对包装、宣传、展示、市场开发等问题的解决付出自己的技术知识和经验以及视觉评价能力时，也属于工业设计的范畴。"

根据这个定义范畴规定，而后一切机械生产的产品和推广产品进行的一系列活动都涉及工业设计的概念。由当时的产品设计风格可见，工业设计师表达产品的设计语言非常地简洁明了。

/ 案例分析

国际主义风格对于产品设计的影响（图1-6）。

图1-6　利用钢铝金属材料创作的家具（设计师：仓俣史朗）

在2006年，国际工业设计协会在官网中对工业设计的第四次定义表述为："设计是一种创造性的活动，其目的是为物品、过程、服务以及它们在整个生命周期中构成的系统建立起多方面的品质。因此，设计既是创新技术人性化的重要因素，也是经济文化交流的关键因素。"

世界设计组织（WDO，前身是国际工业设计协会）于2015年对工业设计的第五次定义为："设计是一种策略性解决问题的方式应用在产品、服务、系统等中的活动，其目的为引领创新、促进商业发展和为人类提供更美好的生活。这是一门协同创新、技术、研究和商业于一体进行创新活动的专业。所输出物对社会、经济和环境等方面有促进作用，为了世界更加美好。"

/ 案例分析

环境保护问题对21世纪的产品设计有重大影响，它渗透到了各类产品的认证标准以及设计者的头脑中（图1-7）。

图 1-7　可降解花盆（设计师：特立尼达·夏纳）

著名的设计院校"包豪斯"在 20 世纪初就曾提出设计是"艺术与技术的新统一"。如今，工业设计已逐渐成为工业生产的一个环节，牵涉到更多方面的学科，如心理学、生理学、力学、材料学、销售学、社会学、生态学等。工业设计作为人类－产品－环境社会的中介，以人类需求为出发点，以各种工业产品为载体，借助工业生产的力量，充分参与人类生活的各个方面，并深刻影响着工业生产。它以创造更加完美的生活方式、改善人类生活环境和提高人类生活质量作为其根本目标。

1.2.2　从"工业设计"到"大设计"看设计思维的转变

从国际工业设计协会最新定义的"设计"来看，工业设计的概念弱化，呈现出"大设计"概念的发展趋势。即在问题意识的导向下，当代设计所面对的设计问题范围更广，所需要具备的知识面更宽，所体现的设计思维呈现交叉趋势。我们可以从下列三个关键词去理解"大设计"思维发展的内涵演变。

（1）系统性思维：策略性解决问题

"大设计"就是发现问题、分析问题、解决问题。主要问题包括：提出全新的人与物的关系，提出新概念产品，并且改进产品。策略用于帮助设计者识别这些问题，以有效的方法和步骤决定产品和服务的利益，并传达给目标市场，使消费者的认知判断和想法达到我们的预期，实现促进销售的目的，即主要研究制定产品和服务的商业盈利模式。概括地讲，设计师明白自己服务的企业如何赚钱，未来如何增加收益。

策略主要包括：企业策略、设计策略、商业策略、品牌策略等。这些策略的主要内容包括：企业运营管理架构、技术分析、可行性研究、价值分析、成本控制、新技术和新材料的应用、品牌形象与调性、用户调研、产品定位、流行趋势等。通过研究判断，将问题用视觉设计手段表达出来，然后通过量化、物化的手段呈现出来，从而创造出优秀的产品，满足人们的合理需求,提供良好的用户体验,提升人们的工作、学习效率和生活质量。

总之,问题导向下的战略视觉和体验解决方案是"大设计"的核心竞争力。工业设计师需要有系统、科学的设计方法和思维,注重高效性和系统性,摒弃"以自我为中心的艺术表达",满足"科学、合理的设计表达"的专业要求。

(2)创新性思维:开拓性地解决问题

创新就是打破和改变旧模式,建立新模式。创新导致新旧事物的交替,推动人类文明的演进。设计有两个主要的意义:开拓创新和规划未来。设计自古就存在,工业设计是设计领域中最重要的专业学科,它针对工业革命以来出现的问题,以不同的价值观协调人与物、人与自然的关系,开拓创新地规划工业时代的未来社会。从创新的主要特征和设计的主要意义来看,追求创新和变革是当代设计的主要特征。

创新是工业社会的核心价值,对工业设计师来说,设计需要创新。创新不仅具有价值和重要性的差异,而且要针对实际问题和观念进行创新。很难用科学理论来判断这个概念,也没有严格的对与错,而只需要看是否有需求和效率。只要它能打开人们的思维,与工业生产的实际相一致,促进新兴产业的发展就是好的设计创新。

(3)可持续性思维:追求更加美好的生活与世界

产品包括实体的产品和服务等相关内容,是在工业生产设计中产生的。在全球产业链制造业著名的"6+1"理论中,整个产业链的"6"包括产品设计、原材料采购、仓储运输、订单处理、批发运营、零售,"1"指的是产品制造。设计是连接企业和市场的桥梁。这条复杂的产业链必定受到周围环境的限制和影响。环境是指自然环境、人工环境、社会环境等我们周围的环境。产品不仅要满足消费者的需求,还要考虑与环境的关系。

设计的本质是规划人类生存和发展的方式,而不仅仅是设计事物。设计是人类有目的的实践活动的过程和结果,是一个社会范畴,也是一个自然范畴。因此,工业设计不仅受到社会环境因素的影响和制约,还受到自然环境和人工环境的影响和制约。好的设计应该是社会环境效益和自然环境效益的统一,而过度的物质追求和设计则导致了物质欲望的交叉流动、巨大的压力、更多的需求、巨大的浪费和享乐主义的盛行。这种生活方式和设计理念需要改变。设计师必须深入了解产品设计的背景和环境,从而明确设计的目的,更好地平衡人类追求更好的生活条件与环境保护之间的关系。设计理念和评价标准应注重产品的真正创新,满足人们的生理和心理需求,创造和谐美好的人类生活方式。工业设计旨在通过其产品对社会、经济、环境和道德问题做出回应,从而创造一个更美好的世界。

/ 思考与练习

1. 简述工业设计内涵的演变。
2. 简述设计思维转变的过程。

/ 1.3 / 产品设计思维的基本特征和应用原则

1.3.1　产品设计思维的概述

简单来说，产品设计思维的概念是一个从发现问题到解决问题的过程。产品思维可分解为几项具体工作：通过用户思维和数据思维发现问题，用本质思维分析问题，通过效率思维解决问题，通过标准化方法用产品解决问题。

产品设计思维可以说是一套成体系的有关于产品设计工作方法的思维方式。系统思维是一项非常全面的整体性的思考方法。所谓系统思维，就是用系统的理论和概念来分析和处理复杂事物的现代科学思维方式。在当前科学技术与社会经济发展的各个领域里，几乎在一切事物中都可以看到系统和系统性。一般来说，系统的概念是"一种具有特定功能、有机联系和相互制约的有序整体"。它是在唯物辩证法的指导下，按照系统观点，并运用系统方法去分析、设计、控制、管理和协调所有要处理的事物，引导产品设计师和工程师更有效地完成各种设计任务，如图 1-8 所示。

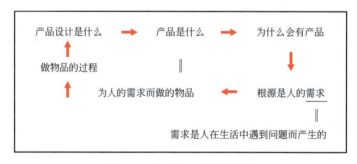

图 1-8　产品设计思维的解析

在整个设计过程中，产品设计师需要根据不同场景转换角色，善于从对方的思维角度看待问题。产品设计师需要拥有系统思维的能力，好的产品一定经得住各个维度的推敲。

1.3.2 产品设计思维的基本特征

产品设计思维的重点是通过了解用户的内部需求、环境和使用行为，设计出能够真正融入其生活并满足其需求的产品。如今，产品设计思维已经发展成为一种可以学习的创新设计模式，它需要来自不同专业的人从不同角度、以不同方式共同产生想法，设计出创新的产品或服务。也可以说，产品设计思维 = 传统设计思维方式 + 多维度思考。学会以下思维方式对设计师而言是很有意义的。

① 横向思维。横向思维是指突破问题本身的约束，从其他领域的事物和事实中获得灵感，产生新思想的一种思维方式。简而言之，就是通过各种方法观察和分析事物，做出最佳选择。

② 顺向思维。顺向思维是指我们按照传统的顺序从小到大、从上到下、从前到后、从左到右、从低到高进行思考，这是一种传统的思维方式。

③ 侧向思维。侧向思维是非常规的思维形式，其关注整体模型和问题元素之间的关系，使用非逻辑方法，尝试在问题元素之间找到新的组合模型，并以此为基础找到问题的各种解决方案，特别是新方法。

④ 逆向思维。逆向思维是一种依次思考似乎已成为最终结论的常见事物或想法的方式。敢于"逆向思维"，让思维向相反方向发展，从问题的反面深入探索，树立新观念，创造新形象。

⑤ 多向思维。多向思维是指从已有的思维出发，向更多的方向拓展，从而获得不同的解决方案和不同的结果，又称发散思维、扩散思维和辐射思维。这是一种不受约束的思维方式。多向思维的扩散有效地弥补了单一思维方式的局限性，使不可能的想法成为可能。

⑥ 融合思维。融合思维是一种汇聚性思维。它从已知的条件出发，采用各种方法和手段，从不同的方向和角度聚集到中心点，通过分析比较，寻求最合理的问题解决方案或逐步推导出唯一的结果。

⑦ 模糊思维。模糊思维是准确思维的对立面，但模糊思维并不是模糊的而是辩证思考，从而实现模糊与准确、逻辑与非逻辑的结合。

以上是从多方面考虑的设计思维。在进行产品设计时，考虑多方面的问题，运用多方面的设计思维才能更好地体现产品设计的价值。那么这些产品设计思维具有什么特征呢？我们从以下五点进行分析。

（1）独特性

产品设计思维的独特性体现在设计时思维不受传统习惯和先例的禁锢，超出常规；

在学习过程中对所学到的知识提出自己的观点、想法，提出科学的怀疑，敢于打破旧事物，向旧的传统和习惯挑战，敢于质疑人们司空见惯的事物；做到与众不同，也就是说要有自己的想法，不随波逐流，要独创新意。

（2）多向性

摆脱固定、规范和模式的束缚，不拘泥于自己所学的知识，在出现问题时灵活应变。从不同的角度考虑事物，分配思想，提供多种解决问题的方法。以下从四个"机智"进行解析：第一种是"发散机智"，即在一个问题面前，尽可能提出更多的想法和多个答案，从而扩大选择范围；第二种是"换元机智"，即对影响物质和数量的诸多因素之一进行灵活的转换，从而产生新的思想；第三种是"转向机智"，即当思维在一个方向受阻时，立即转向另一个方向寻找新的想法；第四种是"创优机智"，即用心寻找最佳答案。

（3）联动性

联动性是把与事物相关的影响因素和构成因素梳理清楚，转化到已知的系统中，用系统思维方法来考虑设计中的问题。客观事物的存在和联系是多种多样的，如因果关系、系统关系、结构关系和功能关系等。设计工作也具有一定的逻辑关系，从各种多层次结构有秩序地工作，有约束条件地完成计划。

（4）超越性

一方面，产品设计思维在应用的过程中，需要一定的跳跃性，才能打破惯性思维，使思维的超越性特征鲜明；还要打破事物呈现的局限，同时实现设计思维与物化思维的迁移，拓宽思维的"转换跨度"。另一方面，设计思维是对时代的超越。产品设计师需要了解产品设计方向和趋势，而且任何设计都是为了适应客观需要产生的，所以不仅需要研究未来事物的发展变化，还要探索它们发展变化的动因和规律；既要研究当前需要设计的事物的历史及发展规律，使设计适应动态发展，还要研究其结构和造型的发展。

（5）综合性

综合性是指思维调节了部分与整体、直接与间接、简单与复杂的关系，并在大量信息中进行了概括和整理。也就是说，设计应具有综合规划能力。为了提高设计者的整体规划能力，我们必须在更大的系统中检验小系统。我们不仅要具备设计的基本能力，还要有远见卓识。在新信息产品的深层意义范围内，从单一的产品设计观点转变到产品作为一个系统设计的整体性的观点。简单地说，一个设计是"系统的设计"，一个产品是

"系统的产品",要考虑事物全面性需求的总和。

以上从独特性、多向性、联动性、超越性和综合性五个方面对产品设计思维的特征进行解析。我们要从多方面进行思考,在产品设计思维的方法特征指导下,在设计的各个阶段做出正确的选择,学会综合取舍和准确判断,才能得到理想的设计结果,不断培养自身的产品设计思维。

1.3.3 产品设计思维的应用原则

设计的核心就是发现和解决用户的问题。产品设计思维的核心原则是以用户为中心的思维路径。作为产品设计师,应该深入了解用户消费使用时的痛点,提取场景化的故事,关注科技,引爆产品,如图1-9所示。

图1-9 以用户为中心的思维路径

以用户为中心的第一步是"懂用户"。首先要清楚你的用户在哪里,学会甄别用户(制定硬性条件,对用户进行分级定位)。了解用户的背景资料、喜好特征、工作和生活方式,以及消费水平等相关数据信息。

/ 案例分析

为年轻人打造"专属DNA"养生生活方式:以节气果蔬汁个性定制贩售为例,介绍如何懂用户。第一步要找到用户(甄别用户):进行问卷调查,锁定用户后,对用户进行访谈,并对访谈进行分析,制作人物模型,对切入点进行评估,绘制用户旅程图,如图1-10、图1-11所示。

朋克养生

小杰

大学生
男
22岁
少量的传统节气知识

学生党，经常熬夜加班做作业，对提升自己的能力有一定的要求。

住在学生宿舍，作业繁多，条件比较落后，养生工具少。

在校期间不会关注传统节日，认为养生是生活的“速效救心丸”。

平时主要以外卖、食堂堂食为主。

自述：
经常在生病、身体不舒服的时候才开始问我妈妈，或者使用我的生活小技巧去调节自己的身体恢复到自己舒适的状态。熬夜的时候喝杯养生姜茶总会让我感觉“又活过来了”。长时间的养生模式我根本就坚持不了。

佛系养生

龙龙

射频工程师
男
26岁
有一定的传统节气知识

租房族，未婚，与伴侣同居，每月有按时缴纳“养生税”，有时间就去做养生汤。

平时有自己去做养生汤的习惯，给自己也是给女朋友，但是并不会经常在传统节日的节点上养生，想到就去做，需要滋补的时候去滋补。

有关注节气的禁忌，但往往是在父母的特别嘱咐下才会去做。

自述：
我觉得养生很有必要，但是要经常长远地规划去做真的很难，会被别的事情分散自己的注意力从而忘记自己要坚持养生。我会经常性地购买养生滋补的食品或者电器去满足自己的养生需求，却常常将它们尘封在厨房。

精致养生

小雅

自由职业者
女
25岁
丰富的传统节气知识

独居，经常会自己做养生操，泡养生茶，保持自己的气色与身体的健康，注重自己身体的变化。

烹饪经验非常丰富，有齐全的养生设备，非常喜欢烹饪过程的体验感，喜欢尝试各种养生方法。

节气的养生是平时的生活“大事”，会记在备忘录上，提醒自己。

自述：
每次烹饪都能吃到自己想吃的就非常开心，而且越保养越觉得自己每天的心情会更好。节气的变化，让我在养生这个活动上更加事半功倍。养生的方式有时候过于烦琐也很让我烦恼。

图 1-10　中国现代生活方式人物模型（设计者：曾兰雅，桂电 17 级产品设计专业）

第1章 产品设计思维概述

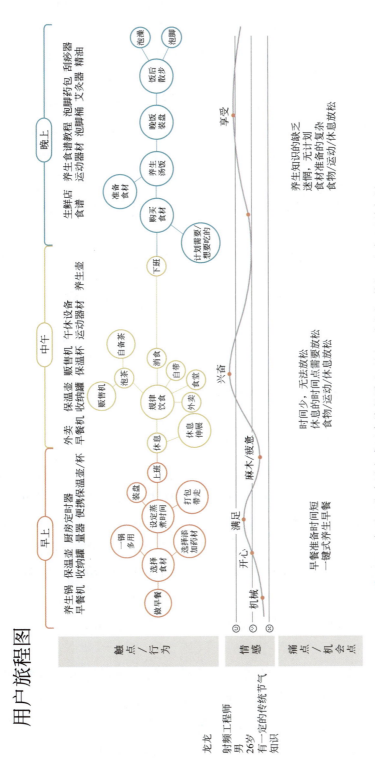

图 1-11 中国现代生活方式用户旅程图（设计者：曾兰雅，桂电 17 级产品设计专业）

首先，通过 150 份有效的调查问卷，对 90 后和 00 后受访者进行问卷分析，发现年轻人加入了健康养生行列。他们认为健康与养生密不可分。根据"新养生"概念，寻找更加适合新一代年轻人生活的养生方式。然后，通过对常见的四种健康与养生的用户类型进行访谈，收集了重要用户信息。受访者对传统文化的理解都是来源父母和多媒体的知识普及，体现出文化传承的主要途径。根据对传统的了解和当前自身的需求，他们会对自己的养生计划有着不一样的调整，主要的变化在于对传统的了解程度，影响着他们是否会继承与坚持传统。最后，建立人物模型，提供重要的用户信息，绘制用户旅程图，为养生生活方式的设计提供了参考。

以用户为中心的第二步是"挖痛点"。做好一个产品，要从用户需求、痛点分析入手。一个优秀的工业设计师，除了要有好的设计思路，还要了解用户的需求和痛点，发掘用户在使用或体验产品时遇到的问题，提出有效的解决办法，有针对性地对产品进行创新设计。诸如色彩、材质、大小、形态这些比较浅显的需求是明确的，可以被迅速挖掘的，而很多潜在的需求和痛点却往往难以被捕捉到。

/ 案例分析

以基于人宠共生理念的小户型智能家居设计为例，介绍用户需求、痛点分析。通过对用户行为及需求的分析了解用户的需求和痛点，进而对产品提出功能需求，如图 1-12 所示。

先从核心理念——共生思想出发，根据特定的共生环境下人与宠物发生的行为及关系进行系统分析研究。然后通过盘点人宠交互关系网中的交汇点，再次考量人、宠、产品三者之间的联系，确保更好地做到人宠共生。接下来以猫为主要出发点，通过书籍资料了解猫的基本属性及其行为特征、基本需求、兴奋需求、隐藏需求等，真正做到为猫考虑。再从主人方面考量，主要运用调查问卷、线上/线下访谈的形式来从用户角度出发，分析其与猫日常的矛盾、对于猫的态度和情感等方面，总结导致遗弃或导致猫非正常死亡的原因并发现需求，进而总结出共生理论下的智能家居的设计原则和设计方法，并进行设计实践。

以用户为中心的第三步是"讲故事"。一个好的产品一定有一个好的创意故事，我们既能通过产品了解其背后的故事，又能通过故事来映射产品，往往一个故事可以使人与产品两者之间达到情感共鸣，从而使客户产生购买的欲望。之所以一些旅游产品、文创产品能畅销，也是因为产品背后的故事能和产品很好地融合在一起。

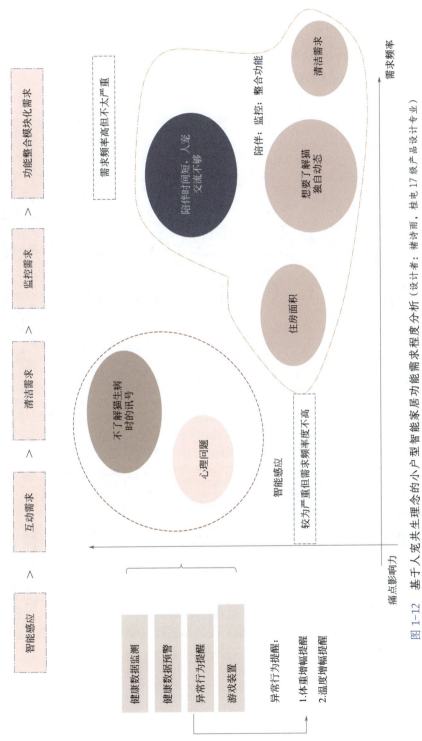

图1-12 基于人宠共生理念的小户型智能家居功能需求程度分析(设计者：褚诗雨，桂电17级产品设计专业)

/案例分析

以唐宋八大家设计为例,这款毛笔套装根据唐宋八大家的人物性格、样貌特征、代表作品、文化背景、精神内涵等,提取相关元素进行设计,给每支笔赋予故事性。笔身与笔头的融合设计给使用者带来不同的感受,如图 1-13 所示。

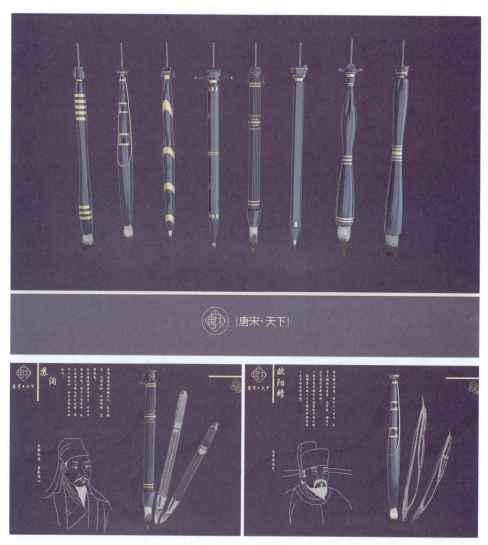

图 1-13 唐宋八大家文创产品设计(设计者:任晓晓、平原、林旭,桂电 20 级研究生)

毛笔作为文房四宝之一,乃文人必备用品。在中国的文化里,文房四宝即为文人士大夫的代名词,可见文人士大夫对文房四宝的情感之深。该文创产品结合唐宋八大家的特征、故事、诗词、文化和精神等方面来进行造型的设计,从人物中提取元素,通过每支笔的造型设计讲述几位文人的"故事",让人感受唐宋八大家的人格魅力。

以用户为中心的第四步是"爆产品"。很多时候,一款全新的产品是依靠科技的创新来驱动和引爆的,往往一项科技的进步能够带来巨大的产品市场。设计师应时常关注科学技术领域的资讯,借助新的科学技术研发设计一款新产品,快速占领市场,取得最大的产品价值和社会价值。

/ 案例分析

以便携式智能书画台为例。智能书画台采用折叠屏设计,小巧简约,将智能书画台和智能书画笔集于一体,便于收纳,方便携带,随时书写,功能完备。智能书画台建成了书法基础知识数据库、书法培训数据库、名家作品数据库,陆续开发了基于软笔的书法体验系统、自聚拢毛笔制造工艺、实时书法笔迹仿真生成算法,使笔墨纸砚与互联网相结合,形成综合传统的集"文房四宝"功能于一体的"智能书画台",打造出一个线上资源共享的书法体验分享平台,如图1-14所示。

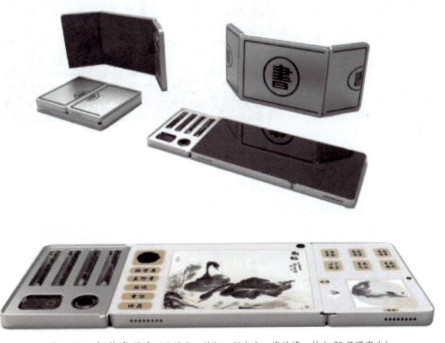

图1-14 智能书画台(设计者:林旭、任晓晓、唐诗博,桂电20级研究生)

在人工智能技术的基础上,将智能书画台设计得更合理。结合当下流行的绿色可持续性设计,让智能书画台的使用环境不再拘泥于特定的地点,可以随时随地地使用,让更多的人更容易体验到智能书画的技术和乐趣,更好地继承与弘扬中华民族优秀文化。

以用户为中心的第五步是"轻制造"。设计要考虑产品的使用材料和表面处理工艺,应首选成熟的加工制造工艺,以减少和缩短设计研发成本和设计周期,提高效率。

/ 案例分析

以伪 3D LED 台灯 BULBING(气泡)系列台灯为例。这种视错觉台灯实际上是一种 2D 平面发光板,由蚀刻丙烯酸光导材料制成。从正面看,精密编织的光网络就像一盏 3D 立体台灯,非常奇妙,如图 1-15 所示。

图 1-15　BULBING 系列台灯

设计的初衷是使照明体验更加优化和有趣。这组灯有三种,分别是 Ziggi、DeskI 和 Classi。Ziggi 台灯采用弯曲灯杆,生动再现经典台灯的造型。DeskI 台灯强调了直线性特征,侧向的造型使台灯看似立体。Classi 模仿从背面观看的台灯的三维形状,整个系列中的三个灯具在蚀刻的亚克力导光板上共同展示复杂精密的光网络。BULBING 灯的灵感来源于一些经典复古台灯的造型轮廓,模仿三维造型的线框显示模式,"结构线"被刻在可以传导光的有机板上,这些结构线就成了发光的"灯丝",将光线均匀地散发出来。

/ 思考与练习

1. 简述产品设计思维的基本特征。
2. 产品设计思维的应用原则是什么?
3. 举例说明产品设计思维在实际案例中的应用。

第 2 章
/ 中国传统设计思想与产品设计

/ 知识体系图

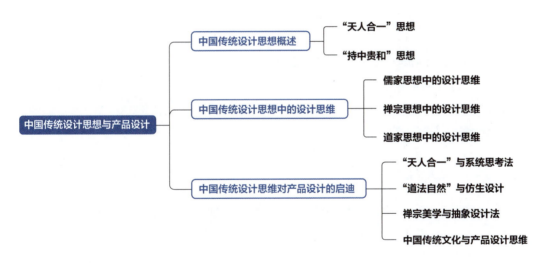

/ 学习目标

知识目标

1. 掌握传统设计思想的基本内容。
2. 了解中国传统设计思想中的设计思维与现代产品设计的关系。

技能目标

1. 能够在传统设计思想指导下解决设计问题。
2. 能够类比现代设计方法展开设计。

/ 引例

> **中国传统设计思想与现代产品设计方法**
>
> 中国传统文化是中华文明演化汇集而成的一种反映民族特质和风貌的民族文化,是民族历史上各种思想文化、观念形态的总体表征。中国传统设计文化源自中国人的创造与审美,经过先祖们对形的认知、美化、提炼,而后逐渐向图腾崇拜的情感表达这种抽象的思维情感转变。这些本来以大事记方式记录与传承下来的图案、图形、造型、形象、符号等逐渐融入人们对生活中各类物品的美化与装饰之中。中国的设计历经数千年文化洗礼,形成了独特的民族特色,在设计的功能、形式、材质等多方面体现了杰出的创造力,体现了独特的中国传统设计思想。而提炼并掌握中国传统设计思想可为开拓现代产品设计思路提供诸多指导,丰富现代产品设计的方法,取其精华,推陈出新。

/ 2.1 / 中国传统设计思想概述

中国传统设计思想重视功能形态而超过形质,重视关系而超过实体,有深厚的情感因素。中国传统设计思想将主体意识和情感强加于客体之上,缺乏合理抽象、深入分析,追求和谐,基于个人知识存量和设计能力,缺乏客观的评判依据和逻辑推演,其经验性、主观性的特点十分突出。

2.1.1 "天人合一"思想

在古代中国,"天人合一"的思想传统源远流长。两千多年前,汉儒董仲舒提出:"天人之际,合而为一"(出自《春秋繁露·深察名号》),即人与自然应和谐相处,自然规律是一切人事的原则。道家老子在《道德经》中提出:"人法地,地法天,天法道,道法自然"。在老子看来,宇宙中的"四大"指的是"道、天、地、人",它们都顺应规律自然生成而又自然发展。道家的"道法自然"亦正是追求"天人合一"。

《考工记》中记载:"天有时,地有气,材有美,工有巧,合此四者,然后可以为良。"这里表现出对传统设计思想"天人合一"的拓展。材美工巧,天地有时气,是中国古代一个极为深刻的造物原则和价值标准,这是中国形而上之文化精神之"道"对形而下之"器"的规约,也是中国传统造物思想之精华的扼要表述。"天时、地气"是来自主体方面的主观因素的作用。所谓"材美"是肯定人对材料、质地、品性的选择性,要求人们按照自身的需要和旨趣去体认材料对象的美质。"工巧"则要求造物主体对于"美材"予以巧治,即古人常谓"因材施艺""适材加工"。中国这种造物观是中国传统设计思维的生动反映。

那些驰名中外的古代精美作品,如战国漆器、汉代织锦、商周玉器(图2-1左)、宋代陶瓷、明代家具等都出于古代工匠对中国古典造物原则和传统设计思想的深刻认识和把握。中国古代雕塑用材丰富多彩,包括青铜、玉、陶、石、木、铁等,这在世界范围内是不多见的。不同的材质有不同的质感、纹理,从而呈现出不同的艺术效果。青铜的光泽、玉的玲珑剔透、陶土的朴实无华、石材的厚实雄伟。"天人合一"的造物思想和材质之美在中国古代工匠手中表现得淋漓尽致。又如根雕艺术(图2-1右),根雕要展现的是自然肌理美、立意美、人工与自然结合的整体美,设计思想上追求的便是源于自然又高于自然,最后还于自然的"天人合一"。

图 2-1　商周玉器神人兽面形玉佩(西安张家坡西周墓出土)与现代木根雕设计

中国传统设计思想中以追求"天人合一"为至高境界。它不仅仅局限于人与自然的关系问题,而且把天和人作为一个有机整体来思考,把宇宙本体与社会人事及人生价值密切相连,成为贯通自然、社会、人生等问题的系统论思想,反映了中国古代的天道观。设计是社会文化的先行者,当代设计文化的一个重要使命,就是要与整个社会一道共同承担起建设资源节约型、环境友好型社会环境的历史重任,有效地减少人类所面临的生存竞争和自然资源匮乏的双重压力,在改造自然的同时,更加注重对人类自身的改造,创造更为符合真正文化意义上的文明的未来。中国传统设计文化尊重"天人合一"的理念,为人类与自然和谐相处提供了条件,奠定了文化设计理念发展的基础。

2.1.2 "持中贵和"思想

中国传统文化植根于农耕文明,重和谐统一,表现出一种"静态"的特征,重视自然的和谐、人与自然的和谐、人与社会的和谐、人与人之间的和谐以及人自身的身心和谐等。持中贵和作为中国文化的基本精神之一,不仅是中国传统文化极其重要的思想观念,也培育了中华民族的群体心态,在中国文化各个领域都有明显体现。经过长期的历史积淀,和谐精神逐渐泛化为中华民族普遍的社会心理,如经济上"不患贫而患不均",文化上"天下一家",艺术上"物我通情相忘",美学上"以和为美"的审美情趣等。

儒家认为天地万物的和谐是客观的秩序和规律,但同时更具有伦理意义。儒家在解释人生伦理道德的最高准则时,从宇宙最高体进行引申。《论语·学而》讲"礼之用,和为贵";《周易》讲"圣人感人心而天下和平";《礼记·礼运》云"圣人耐以天下为一家,以中国为一人"。从儒家的角度来看,道德秩序和法则的根本功用在于能达到物我的和谐,这是社会、国家、民族、个人之间的共存之道。在"和"的思想基础之上,儒家学说对待作品的内容和形式更加强调"文质观"。《论语·雍也》提出:"质胜文则野,文胜质则史,文质彬彬,然后君子。"这里的"文质彬彬"既用来指文学作品,也用来形容人,是为了尽善尽美,力求达到"和"的最高境界。这里所讲的"文",包括物质文明和精神文明,因而包含了作为历史成果而保存下来的社会物质文明中各种美的事物。

以"中和"观念为核心的中庸之道,不仅是儒家思想的重要方法论原则,也为释、道两教所吸收接纳,成为中国传统文化思想的重要原则和哲学概念之一,对中华民族精神的影响至深至远。根据现代含义的解释,"中和"是指两种相互对立的物体相互抵消,丢掉原来各自的性质。这便是现代设计所实际达到的效果,所有材料最终丧失了原本的属性。而在中国传统设计思想中,可以从三个方面去理解"持中贵和":首先,所设计之产品属性应该适中;其次,不同属性的材料应该恰当适宜;最后,取长补短,兼容并包。

中国传统设计文化在应对人的美感和客观事物的"构成"规律时,应当重视"持中贵和"的思想理念和文化理念。这种"持中贵和"的观点作为中国传统设计思想的一个重要特征,显示了一种文化力量。

总的来说,"持中贵和"与"天人合一"的生命意识相一致。"天人合一"偏重设计精神,"持中贵和"则偏重设计方法。这两种中国传统思想所蕴含的传统设计文化随着时代的发展,可以根据自然材料、造型空间、制作工艺等进行设计,顺应自然和社会的发展规律,表现出设计文化在精神方面、审美方面以及风格方面的不同特征,构建和谐的环境。儒家强调"违而不犯，和而不同"的思想，体现了儒家对设计文化多样性的解答。中国传统设计文化源远流长，没有因为战争、民族等外在因素而消失，这是因为中华文化与外来文化碰撞时，彼此相互补充，在交流中发展，从而充实了中华文化。

/ 思考与练习

1. 简述中国传统设计思想。
2. 举例说明中国传统设计思想对传统造物的影响。

/ 2.2 / 中国传统设计思想中的设计思维

中国人从古至今一直有着"天人合一"的理性意识，伦理道德下的实践理性与整体设计思维都体现出了自觉行为。当我们回顾中国传统设计文化的时候，会发现中国的设计文化不仅蕴藏着理性意识的影子，而且包含了抒情的风格特点。中国传统设计思想中的思维，凸显的是情和理的和谐交融。

2.2.1 儒家思想中的设计思维

儒家思想是中华文化的正统，千年以来时时规范着人们的生产生活方式和思维行为方式，堪称中华文明的灵魂和核心。家居用品的设计要素和设计灵感大都来源于儒家思想，它在某些方面体现着当时的统治思想和生活方式，又以"中庸"为贵，充分体现"适可而止"的设计理念。而这种长久以来不断累积下来的设计思想牢牢地植入文化生态结构之中，从而构建出了明晰清楚、连贯绵延的具有中国传统特色的家居产品设计。

在儒学观念的影响下，我国传统家居经过设计的演化发展，逐渐从"以人为奴"，发展到尊重人的价值和尊严，发挥人的主观能动性，并进一步确立"以人为本"的设计新理念。中国传统家居在造型上以实用为主，造型制式遵从当时人们对形式美的喜好，并加上吉祥如意等意象元素；在细节上，将造型、功能、艺术相结合，精巧的造型同时具备承力结构的作用；在色彩上以红、黑配以鎏金或直接采用木料原色；在形式上采取对称的布局，格调高雅。这样的家居产品设计符合当时社会的审美与阶层观念、社会喜好禁忌，很好地诠释了儒学中庸且以人为本的理念。

明式家具可以说是中国家具历史上的典范，甚至在国际上都有着很好的口碑。明式家具（图2-2）有着沉稳大气的造型，线条顺畅；在结构上具有朴实简练的风格，严谨细致，质量上乘；在装饰技术上简单大方，种类繁多；在用料上有着传统层面上的考究。明式家具充分发挥出了各种用料的特性，又充分保留了用料的天然纹理与色泽。罗无逸对于明式家具有着很高的评价，而王世襄对于明式家具则概括出了"十七品"。明式家具的设计除了考虑到雅韵、流畅的线条以及清晰的轮廓，还考虑到人们对于生活环境不断提出的新需求。在装饰品的选择设计上也有所限制，没有西方设计中像"洛可可"以及"巴洛克"等风格缺乏理性的装饰设计。尽管其后的清式家具风格有了很大的改变，但是清式家具中仍然透露出华丽而不低俗、层次分明而不繁复、宏伟壮阔而不拖沓的理性意识。

图 2-2　明清家具中"髹漆描金圈椅"（左）与"楠木镶嵌黄花梨木四出头官帽椅"（右）

家具设计中传递出的中国设计文化，不仅包括了人生的理念，还包括了社会文化的理念，这和世间运行的真理又是相互统一协调的，是形而上和形而下的完美结合。中国传统设计文化中既包含着设计技艺，又包含着理性意识。

古代的家具制作大师对于家具的各种结构也进行了巧妙的装饰，来达到突出重点的效果。其中束腰（图 2-3）便是比较经典的设计，在明代被广泛地应用。束腰的作用在于使面板与腿、足之间增加一个过渡阶段，就像我们现在经常用的腰带一样，大部分都用在了板凳、桌子等家具之中作为框架。除了起到固定作用之外，它也是有修饰作用的，增加了家具的美感和层次感。中国传统设计重视细节，结构比较严谨，而且非常牢固，十分全面。这些文化以及设计价值值得当代人借鉴。

 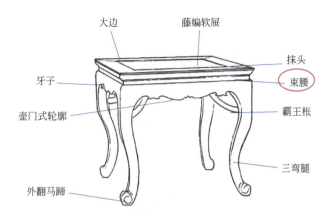

图 2-3 明代家具中的束腰与造型装饰图

产品设计要兼具时代感和民族性,设计师要有独立的设计理念和独特的设计眼光。当代设计师必须要紧紧把握时代的脉搏,在与时俱进的同时,也要时刻提醒自己保留住中华民族所特有的个性和精神,应适当地将时代精神和现代元素导入设计的产品之中,将功能主义和实用主义充分地调动起来。除此之外,设计师还必须有独树一帜的见解,要赋予产品设计独特的风格语言,丰富其中式文化内涵及其愉悦身心的外显特征,在推陈出新的同时,也要将传统与现代进行有机结合。

2.2.2 禅宗思想中的设计思维

禅宗美学追求"闲""静""达""远"的境界。禅宗和道家的思想在一些方面是有共通之处的,如都追求超越世俗的利害得失而达到精神的自由。但两者也有很大区别,禅宗不讲求道家所追求的那种自然无为的"道",而是将求"心"当成得"道"解脱的方法。由于禅宗主张走到主体的真正内心之中,赋予了自然以清空寂静、空灵奇幻的色彩。禅宗认为只有达到主体内心的自觉自由,才能够真正地达到审美艺术的最高境界。那些浮于事物表面的现象,只有依附于主体的自由,才能够真正地将美的意义展现出来。

(1) 禅宗美学的"简约"意味

禅学所指出的人们在通常情况下妄心、妄念的心理状态,可简易地理解为"被利欲熏心而见不到美在何处"。北宋诗人梅尧臣创作的七言律诗《东溪》中写道:"野凫眠岸有闲意,老树着花无丑枝",通过景的描写与情的表达,使人们在自然世界中体味到休闲与安逸,将对恬静美好的自然景色的赞美表露出来,表现出"外师造化,中得心源"的禅心意趣。

传统审美观"重意轻形"衍生出的"极简"美,与西方现代工业文明衍生出的"极简"美,在外在形式上或许有一定的相似,但是两者的成因和内涵有本质的差别。禅宗"极简"美的源头是宗教,而西方"极简"美源于机器生产便利的工艺要求,是技术的。两者的终点也截然不同。东方的"极简"美是为了获得精神上的至多而将形式尽量凝练、简化,而西方的"极简"美是通过简单形式获得制造的便利及功能的最大化。

禅宗采用简洁的线条和直线,以柔和简单的形状及对多余物的省略来达到内在精神与审美的需求,与传统宋代瓷器的不矫揉造作不谋而合。宋代汝窑天青釉三足樽承盘(图2-4),整体造型规整简约,釉呈淡天青色,柔和温润,具有独特的东方美感。

图2-4　汝窑天青釉三足樽承盘(宋·故宫博物院馆藏)

(2)禅宗美学的"空灵"意境

空灵是中国人特有的、诗化的感悟与情调,表现在意境里,便是一种空灵之美。"空"是指灵气、生气的自由往来。"空"与"灵"结合在一起,便是指在纯净、虚静、空荡的气氛中时时透露出生命灵气的那种艺术境界。对于设计而言,"空灵"与"简约"如此相近,但"空灵"相较"简约"更简,却又更多。"简"的是形式外在,而多的是内心的宁静与感悟。设计上要体现这种审美心境,需创构出一个纯净清澈的心理空间,使审美主体的自由心灵与宇宙万物相契。其实"空灵",即是设计生于自然、融于自然的气韵体现。

中国水墨画中的"留白"绘画手法,即虚实相生。八大山人所绘制的"孤禽图"(图2-5)中便有"此时无声胜有声"之意,营造出的便是"空灵、寂静"的简练艺术语言。

图 2-5　孤禽图（清·八大山人）

2.2.3　道家思想中的设计思维

　　道家思想潜移默化地影响着许多设计作品，虽为隐性线索，却奠定了风格基调，散发着中国传统文化的精粹。"道"之意味，虽不如儒家、禅宗的思想传播和应用的范围广泛，但也时刻围绕在我们的生活之中，体现在每个小细节之中，可以让我们于潜移默化之中体会到"道"。或许，这才是"道"的真谛，大隐隐于形，却毫不费力地为我们营造了洒脱逍遥的氛围。

　　道家思想是中国最具代表性的传统思想之一。谈到道家思想在实际生活中的映照，不得不说的便是茶具的设计。纵观中华几千年的历史，道家思想融入茶具的设计数不胜数，将茶道和道家思想相结合起来的例子也是不胜枚举。茶与道家思想早在茶的起源时期就已经有了联系。茶，一开始被当作药来看待。《神农百草经》中写道："神农尝百草，日遇七十二毒，得茶而解之。"唐代陆羽的《茶经》里也曾记载"茶之为饮，发乎神农氏"。中国茶文化也深深地印刻上了道家思想，在发展过程中虽然受到了儒家思想的约束和感染，注入礼和禅文化，但道家思想依旧是其本质灵魂。以下从产品的造型、色彩、材质、符号的运用这几方面来解释和品味道家思想中的设计思维。

(1) 造型上的精练简单

道家并不把形式设计当作重点，反而重视精神层面的发掘。与此类似，艺术的外在形式绝对不是一成不变的、刻板的，而是像世间万物的运转一样变幻莫测，在长时间的积累变化之中形成并提升了精神和理念。创造出的物体形象一经确定，就不可更改，但是线条与纹饰的组合变化却可以在人的脑海中变幻，产生无尽的意蕴。

道家思想一直追求着一种回归真我的态度。这反映在产品的造型设计之中表现为避免矫揉造作和虚伪空洞，也就是说，强调设计的简单、直接、干练。传承这种精神的设计往往是以最简单的线条来构建出茶具的轮廓。桂林电子科技大学（简称桂电）学生设计的"木意"茶具（图2-6），通过线条的直曲、排列、长短、位置等组合，来展现产品所蕴含的情绪和想要表达的意志，从而在简单中寻找独一无二，远离呆板无趣，回归真我。

图2-6 "木意"茶具设计（设计者：黄宇涛，桂电18级产品设计专业）

此外，在设计茶具造型时也应该将虚实结合的手法运用起来。适度留白能够给观赏者更多的思考和想象的空间，与道家思想中"瘦骨清像"的审美取向更加契合，也与饮茶时神清气爽、飘飘然而仿佛置于仙境的意境相协调。

（2）色彩上的协调纯粹

视觉艺术中最重要的组成部分是色彩。不一样的色彩能够给人以完全不同的感受。偏冷色系带给人冷静、理智、飘逸之感，偏暖色系给人以温暖、安全、浪漫之感。

（3）材质上的纯朴自然

材质包括材料的质地和质感。质地是材料的物理属性，如材料的粗糙度、肌理等；质感是带给人的感受，属于心理属性。设计产品时常用材质有陶瓷、金属、玻璃、竹木等，常见的产品质感有冷峻、温暖、浑厚、朴实、奢侈、豪华等。其中，来源自然的天然材料更能够彰显出朴实、润泽、温和的特性，更能体现道家思想的精要部分。

（4）构建道家思想意境

产品通常由多个部分组成，设计时可借用各个部分的组合变换来渲染整体的意境氛围。同时，设计中也可添加一些其他的装饰，如香座、插花、摆饰等来帮助产品意境的传达。

（5）打破常规，创造思维的动势

饮茶品茗是一个动态的过程，包括茶叶的动态变化、水温的变化、茶量的变化、人心境的变化等。茶具设计将茶具与饮茶动态的变化结合起来，随着饮茶阶段的不同，茶具亦有不同的变换，传达给品茶人的情感亦随之深入，这即是最佳的设计境界。

例如，随着茶水的注入，茶杯内的景象发生改变；随着茶水温度的变化，茶宠色彩发生改变等（图2-7）。然而万变不离其宗，万物改变，凝神思之，心无杂念，保持纯真高洁，心无旁骛，则会悟出其中之道。

以对现代茶具设计的分析为例，我们在传统道家思想指导下进行的当代设计应具备以下特点：产品造型采用简洁、干练的线条，以简单的形状和纯粹的理念来直入人心；自然材质的运用可以更好地传递"道"的意味；色彩运用上多使用冷色调及无彩色调以体现茶具的纯净之感；诸如文字、图案、诗词意境等符号语言的运用，可以使茶具设计更具表现力；利用茶具的不同组成部分，构造整体的品茗意境。总之，在设计时要从大局着手，不能忽视流程中每一个细小的部分，始终关注着始末的变化。只有从每个细小、微妙的地方着手，才能够最终打造出和谐的整体氛围和意境。

图 2-7　感温变色茶宠

/ 思考与练习

1. 举例说明中国传统设计思想中的设计思维。
2. 举例说明中国传统设计思维在现代产品中的实际应用。

/ 2.3 / 中国传统设计思维对产品设计的启迪

随着全球化不断地发展，各个国家之间的联系越来越紧密，中国的传统文化与其他国家的文化相互交融，不断碰撞。现代设计曾更像是单纯的市场行为，而现在已变化成为一种积极的文化行为和美学行为，逐渐也形成了作品的文化性主张。

艺术向来与人们的生活密不可分，它是人们看待世界、把握生活的一种形式。产品设计作为其下的分支之一，与生活方式的联系更加直接和具体。任何时代的设计都是与文化紧密联系在一起的。产品设计作为民族文化形象的一个重要组成部分，也在构建和推动着文化大发展。两者之间有着不可分割的必然联系。随着人们生活水平的提高，审美需求不断增强，设计艺术学为了更好地满足人们精神层次的需求而不断壮大。"不是意识决定生活，而是生活决定意识""艺术源于生活，又高于生活"。产品设计不是也不可能是中国传统文化的复制品，如果是复制品，那根本谈不上设计的层面。产品设计将中国传统文化的资源加以有效的转换，或是显性符号的应用，或是隐性符号的体现，其中所表现出来的文化精神远远大于设计本身。几千年的文化底蕴培养出中国人沉静和谐的审美观念，为进行传统文化产品设计提供了良好的基础。

2.3.1 "天人合一"与系统思考法

孔子曰："质胜文则野，文胜质则史。文质彬彬，然后君子。"（出自孔子《论语·雍也》）这里的"文质彬彬"既用来指文学作品，也用来形容人，是为了尽善尽美，力求达到"天人合一"的最高境界。这里所讲的"文"包含了物质文明和精神文明，因而包含了作为历史成果而保存的社会物质文明中各种美的事物。"文质观"是以孔子为代表的儒家学派中重要的思想理念，蕴含了丰富的美学智慧。这是中国传统文化大树上的一根主要枝干，说明了中国传统审美已经开始用辩证的眼光来看"文"与"质"的关系。"文质观"的英文官方翻译为"Ideas on relationship between content and form"，译为"内容与形式关系的思考"，正是学术界广泛讨论的"形式与功能"话题。普遍的观点认为：如果事物只重功能，缺少必要的形式美感就会缺乏吸引力，但过多的形式感也会造成虚华，只有形式与功能恰如其分才能达到最完美的效果。

现代设计系统论，指的是设计时从整体的思维角度进行系统性的理性思考。中国人习惯的类比思维也是从"天、地、人"系统整体思维中衍生出来的。以传统设计思想中的"文质观"类比系统思考法，要求全面、系统地看待设计的功能与形式，结合系统思考法，可以帮助人们构思，把创造的思路引向特定人群。

红点与IF大奖的双料获得者——天堂伞"竹语"（图2-8）对形式与功能之间有着良好的把握，可谓是匠心之作。

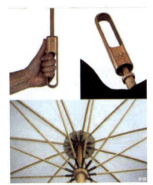

图2-8 天堂伞"竹语"

传承古法，是"竹语"伞的魂，它简约而不简单的外形设计加上晴雨两用的功能性，可谓思考全面，且将传统"文质观"体现得淋漓尽致。无论是伞柄还是伞骨架都是全竹制,从我们所熟知的江南油纸伞中获得灵感,既是传统材料的创新使用,也是古老技艺与现代实用主义的糅合。伞骨全手工打造,为确保受力均匀,12根骨架来自同一根竹子;伞面虽然是机织但材料却是竹炭纤维,抗紫外线功能大于普通面料,制作之考究带有强烈的中国竹文化精神与韵味。

单纯外观新颖的产品常常只能获得短期的成功,这种短期的成功却吸引了许多商家纷纷效仿,直接的后果就是质量低下的廉价产品泛滥。为了改变这种现象,设计者应当注重并遵循中国传统设计思想"天人合一"且全面地认识和解决问题。

现如今,产品的创新在纵向上要适应市场预测、技术开发、产品研制、造型设计、流通销售等各个环节,在横向上又要与生态自然、文教科研、社会发展、文化习俗等密切联系。这都要求我们系统思考,但我们绝不能舍弃传统设计思想中"文质观"所指导的对于功能与形式的把握,因此设计的各个领域都要系统思考,不可将其视为一项孤立的工作。每一件设计物品都与其所处时代紧密相连,无不反映所处时代的物质水平、科技水平、政治经济、意识形态等,在设计中所体现的仅注重功能抑或是偏重形式都是不可取的。

一个物品设计既需要功能也需要形式,而且两者是不可分割的。诚如孔子所言"质胜文则野,文胜质则史,文质彬彬,然后君子"。当代设计的功能对应于"质",形状结构对应着"文",文与质虽然含义不同,但却不可分离,是互相补充、互相配合、缺一不可的统一体,它们的地位无高低上下之分。就像别林斯基所说:"如果形式是内容的表现,它必然和内容紧密联系着,你要想着把它从内容中分离出来,就等于消灭了内容;反过来也一样,你要想着把内容从形式中分离出来,那就等于消灭了形式。"形式与功能的结合需要人的参与与完成,不同的设计所采取的方式也不尽相同。设计应根据客观的需求来进行主观的设计,实现主观和客观、功能和形式的和谐统一,这才是真正具有实际价值的设计。

2.3.2 "道法自然"与仿生设计

道家以老子、庄子为代表,老子宣扬"道法自然"的观点,意为万物以其自身为原则,自由不受约束。之后,庄子汲取老子的思想并发展,提出了"既雕既琢,复归于朴"和"朴素为美"等审美观点,认为自然的才是最美的,自然朴素是其他任何事物都不可比拟的。这些古代哲学思想蕴含在中国人的潜意识中,影响了一代又一代国人的审美。不难发现,我们总是偏向于这种淡雅、清新自然的风格。中国的传统思维方式最重要的就是类比思维,习惯于观察自然、探索自然物并用自然来比喻其他方面。与之相关的,仿生设计法则是以自然物为创意点,有选择地将自然系统的特征应用到设计中去,也可以说是效仿自然的法则与规律。这两者有异曲同工之妙。

燃香祈福作为东方文化特征，不但可以净化空气，而且可以祈求美好诉愿。广州美术学院教授张剑设计的金属燃香阻燃器（图2-9），形态仿生两瓣"小芽"，"芽"的底部设有与香粗细一致的圆形孔，并有小磁铁相互吸牢。当香燃烧到金属芽底部的圆形孔位置时，燃香遇金属阻隔自然熄灭，达到控制香燃烧长度的目的。香熄灭后与阻燃器形成一个破土而出的"芽"造型，有"祈福"萌发出希望的"嫩芽"的内涵。

图2-9　祈福的芽——燃香阻燃器（设计者：张剑）

古老仿生设计的生存意识与生存价值理念大多数是基于自然崇拜。现代仿生设计则是我们通过对自然的观察，将动物、植物、风雨雷电甚至空气的形态、色彩、纹理、肌理和结构选择性地提炼出来，运用到产品上进行重构融合。

现如今，科学技术愈发先进，人类对自然的认知程度日益加深，因此改造自然的手段也越加合理和高端。现代仿生学是高科技发展的直接受益者。现阶段的仿生设计利用现有的科学技术作为支撑，以产品具有实用功能为目标。今后，我们应该用符合生态学的环境科学原理的观念去指导行动，坚持"道法自然"的设计原则，不断去探索人与自然的关系，尝试仿生设计，寻求技术与自然、人类的和谐一致。

2.3.3　禅宗美学与抽象设计法

禅宗美学追求以"空"为美的审美意境。"意境"是中国审美观中提出的独特理念，中国传统文化在产品设计中十分讲究"意境"的营造。意境是由多种意象所塑造的情景系统，是以整体情景显现的设计作品的高级阶段，是设计造物所带来的情景交融、虚实结合、具有强烈生命力且具有深层次意味的诗意领域。而抽象设计法的本质就在于要迅速通过光怪陆离的表面现象去抓住事物本身，赋予它正确的定义，并将它们分门别类地整合起来，再进行分析，随后在物象原来的本质上运用不同的手段进行创新，使事物焕发出新的活力。两者不谋而合。

中国设计师贾伟设计的"高山流水香台"（图2-10）营造了禅宗美学意境，采用石头的天然形态，将朴素的自然之美融于流动的线条和垒叠的角度，虽由人作，却宛若天成。巧妙的设计让烟气自卵石间蜿蜒而下，如涓涓云水漫过山间，仿佛仰观高山流水的自然气象，体会隐遁山林的自在幽远。

图2-10　高山流水香台（设计者：贾伟）

研究表明，在全球化的文化语境下，社会经济快速发展，生活节奏不断加快，巨大的生存压力使得人们奔波忙碌不得停歇。在这个紧张而又刺激的快节奏社会中，信息瞬息万变，稍不努力就会被淘汰，尤其是大城市里的上班族，他们整天的生活都是围绕着工作进行，缺少与大自然交流接触的机会。越来越多的研究证明，一些含蓄而又人性化的设计能让人们的负担减轻，似乎在呼唤设计师发挥自己的作用，目的是在使用过程中通过抽象思维与实际结合，将那些表面烦琐的束缚去掉，创造一些简单的意境之美，让忙碌的现代人在快节奏的环境中享受到些许来之不易的文化韵味，身心能得到片刻放松。

2.3.4　中国传统文化与产品设计思维

中国传统文化常被划入"大陆型"文化体系，在"天人合一""持中贵和"等思想的教化中，追求天、地、人、自然关系的和谐统一，与自然和谐共处等文化特质。我们理性地看到，多元共存才是当下全球文化发展应该共同尊崇的观念。现在中国已经以崭新的面貌、自信的姿态屹立于世界文化大国之林。我们坚信，发展世界文化应该坚持文化的多样性，而对待文化多样性的根本出发点，是促进各种文明的相互理解、相互尊重、相互学习、相互吸收，做到共同发展、共同繁荣。

　　文化在交流的过程中传播，在继承的基础上发展，都包含着文化创新的意义。文化发展的实质，就在于文化创新。中国传统文化必须走这样一条综合创新、设计创新的路，才能保持其与传统精神一脉相承、与时俱进。张岱年先生曾提出过"综合创新"的概念，即通过复杂的综合工作走向创新。我们认为这比较符合传统文化的当代发展之路。张岱年先生说："创造的综合即对旧事物加以'拔夺'而生成的新事物。一面否定了旧事物，一面又保持旧事物中之好的东西，且不惟保持之，而且提高之，举扬之；同时更有所新创，以新的姿态出现。凡创造的综合，都不只综合，而是否定了旧事物后而出现的新整体。"张岱年先生在其思想过程中，一直持续不断地为这一概念做出阐释。思想早期的他认为："我所以于创造之外又言综合，因为创造不能凭空，必有所根据，我们可以根据东西两方文化的贡献，作为发展之基础。所谓创造的综合，即不止于合二者之长而已，却更要根据两方之长加以新的发展，完全成一个新的事物。"在思想的晚期，他仍强调："我们主张综合中西文化之长以创新文化，并不是说对于中西文化可以东取一点、西取一点，勉强拼凑起来。综合的过程也即是批判、改造的过程，也就是创建新的文化体系的过程。"今天，在设计学的层面，我们推进传统文化设计创新的过程，正符合张岱年先生"综合创新"的理念。

　　传统文化设计创新，不是传统文化和新文化的叠加，也不是传统文化的现代贴面，而是真正以中国的方式、以传统文化为基础，结合传统设计思想，创造新的设计体系的过程。将中国传统文化融入现代产品设计，可以是直接嫁接运用，如纹样贴图等，但这种运用方式肯定是浅显的、表面式的，没有触及中国文化的深刻内涵。只有将中国方式作为桥梁架构在传统文化与产品设计之间，提炼中国人特有的审美方式、说话方式、伦理方式、居住方式、饮食方式等深层内涵，才有可能转译到当代产品的设计形式中，使其具有的中国文化特征能被全球解读。

/ 思考与练习

1. 找出生活中应用"天人合一"与系统思考法的产品案例。
2. 找出生活中应用"道法自然"和"仿生设计"的产品案例。
3. 简述中国传统文化对于产品设计的影响。

第 3 章
/ 产品设计的问题思维

/ 知识体系图

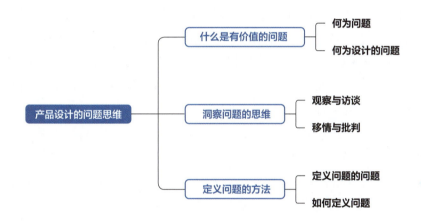

/ 学习目标

知识目标

1. 了解产品设计中问题意识的重要性。
2. 了解问题思维与解决方案之间的相互关系。
3. 了解定义问题的方法。

技能目标

能够运用定义问题的方法定义产品设计的问题。

/ 引例

产品问题思维——产品创新设计的直接途径

设计的本质是分析和解决问题，产品设计为日常生活与工作中碰到问题的人们

> 提供可能的解决方案。因此，产品设计中提倡的"以人为本"，要求设计师要深入了解用户所面临的问题，并了解他们为克服这些问题运用了哪些经验和技巧，这些信息可以帮助设计师理解用户的处境，利于推导出用户的需求。以问题为导向，为理解用户、提出解决方案提供了最直接的途径。因此，为了创造出有意义且可实现的以用户为中心的解决方案，明确设计问题在设计过程中至关重要。

/ 3.1 / 什么是有价值的问题

3.1.1 何为问题

我们知道，思维方式决定行为方式，行为导致结果。一个人的思维模式是目标思维还是问题思维，可以从他的言行中看出。而产品设计体现了哪种思维模式呢？

根据相关学者的研究，产品设计是指从拟定出新产品设计任务书起，到开发出企业产品样品截止的一系列技术工作任务。其工作职责是拟定产品设计任务书及执行设计任务书中的工程项目需求（包含企业产品的性能指标、构造、规格、型式、材料、本质和外观质量、使用寿命、可靠性等）。从企业经营的角度看，产品设计的思维模式是目标思维模式，它从预定的目标中倒推出设计的过程。

然而评价一件产品的合理与否不能仅从企业的角度提出，从消费者的视角来看，产品"有没有用"和"好不好用"才是评价的关键。从这个角度看，设计师的作用好像是在平衡两者间的关系：在现实问题面前，能够在不超过预定条件的情况下提出解决问题的方案。

那么，什么是"问题"？

我们每天都会碰到各种各样的关于"问题"的描述：针对这些"问题少年"我们该如何引导；对于这部分内容的演示，这里提一个空间结构的问题，请大家思考；手机又出故障了，得解决这个问题呀……我们发现，许多"问题"只是在陈述观点和描述现象，并非真要去解决它，而有些"问题"是影响了人们的正常生活学习的，例如故障性的问题，那么就需要对故障产生的原因进行分析与排除，最终找到解决方案并解决问题。因此，同样是问题，有些是技术性的问题，需要从技术修复的角度去解决，比如手机黑屏了；有些是复杂的社会性问题，比如独居女性居家生活的安全问题，需要多个部门联合来共同探讨解决。面对问题的多样性和复杂性，需要设计人员对问题的本质进行甄别。

我们生活和工作在一个相互关联的系统世界中，面临的许多问题都是动态的、多方面的，因此，需要在众多复杂的问题中分辨出哪些是属于设计范畴的问题，因为设计的能力是有限的，不是所有的问题都可以依靠设计来解决。这意味着我们在面临问题时，要分清楚我们"拥有的"和我们"想要的"之间的差距，以及我们想要"改变的情况"。明确了这些内容，可以初步筛选出哪些是真正的设计问题，而真正的设计问题对设计本身来说才是有价值的。

3.1.2 何为设计的问题

在设计产品时，我们通常认为，问题是为了使产品实现目标而需要克服的障碍，那些未解决的状态、正在设计的内容或需要考虑的问题都可称之为设计问题。一个好的解决方案，前提是需要提出核心的问题。

传统的问题解决思路是"以问题为中心"：已知问题 – 分析问题 – 解决问题，也就是说基于现状考虑问题，寻找解决问题的方案。例如关于久坐职业病的问题。据统计，由于长时间坐在电脑前工作，甚至长时间加班，超过 75% 的办公人员的脊椎处于不健康状态，而且患病者正在呈低龄化趋势。对此提出的解决方案是以预防为主，防止长时间处于不舒适的坐姿状态。因此，"人体工程学电脑椅"就成为避免久坐带来职业病症的一种解决方案。

在设计思维中，问题的解决思路不是"以问题为中心"，而是"以人为中心"：定义问题 – 探索 – 解决方案。设计思维中对问题解决的基本思考方式是：首先，用思维导图等方式将问题展开，从不同利益相关者的角度提出各自的观点，思考各利益相关者观点间的矛盾与期望，并对这些矛盾进行拆解与细分，整理出构成这些矛盾的基本框架，以此来定义出问题所在——什么才是要解决的设计问题；其次，针对"正确的问题"有的放矢，探索多种解决方案的可能性。在探索解决方案的过程中，以人为中心的基本思考方式可以引申出多种解决方案，这也是设计思维方式的特点。

例如商场洗手间的擦手纸问题。顾客在洗手台前洗手后，湿漉漉的手需要擦干，洗手台旁边有供顾客擦手用的纸巾装置。此时用沾满水渍的手拉扯擦手纸时经常出现纸被拽破的情况，尤其在擦手纸被夹得很紧的情况下，如图 3-1 所示。

"以人为中心"的设计思维首先是要定义问题，问题在哪里？也就是了解用户产生行动的原因。上述问题产生的原因是，用户在洗手后需要将手擦干。基于这个出发点，用户可能会产生的必要环节为：洗手 – 拉出纸 – 擦干手。问题出在"拉出纸"的环节上，因为洗手后湿漉漉的手碰到纸，会把纸拽破从而导致"擦干手"的任务失败。

图 3-1 在商场洗手间中可能会碰到的问题

因此,解决问题的思路就可以针对这个环节的"问题"(水渍易导致纸被拉断)提出:方案一,在擦手纸的局部区域增加纸张厚度,降低水渗透纸张的时间;方案二,纸张的局部区域使用防水材料,这样水不会浸透擦手纸,湿手时也能轻易拉出擦手纸。这是两个针对产品(擦手纸)的改良设计方案。

同样的场景下,面对不同的问题定义,最终产生的解决方案也不一样。例如,同样是商场洗手间的问题,洗手后需要使手部回归干燥状态,用户可能会产生的必要环节为:洗手 – 手部干燥。除了可以运用"擦手纸"来达到手部干燥的目的外,通过"风干"的方式也能达到"手部干燥"的目的。因此,"手部烘干机"也能解决这类问题。这是一个针对需求(手部干燥)的产品设计。

以上案例是针对同一个问题(或现象)的不同解决方案:一个是面对"产品"的问题而提出的,另一个是面对"需求"的问题而提出的。可见,与传统的"以问题为中心"的解决思路相比,设计思维的"以人为中心"解决思路可能会产生更多问题解决的方式。不仅于此,生活中像这类常见的"不便"往往都有多种解决方式,因为"从定义上讲,设计作为一种解决问题的活动永远不可能产生一个正确的答案:它总是产生无限数量的答案,有的是'正确'的,有的是'错误'的。设计解决方案的'正确性'取决于我们投资的意义和配置"——维克多·约瑟夫·帕帕内克❶。

---

❶ 维克多·约瑟夫·帕帕内克(Victor Josef Papanek)是一位出生于奥地利的美国设计师和教育家。他大力倡导产品、工具和社区基础设施的设计要为社会和生态负责。他的著作《真实世界的设计》最初于 1971 年出版并被翻译成超过 24 种语言,具有持久的国际影响。

在实际的设计行为中，对于那些拥有不确定性的、系统性的、事实层面存在的问题，我们可以用设计思维的方式来分析和解决，因为它不只关注问题本身，还关注人的具体需求，以人的需求出发寻找多种解决问题的方案，可以发现更多设计的机会。因此，设计思维不是依靠逻辑式的分析去解决问题，也不是以给问题一个"答案"为标准，而是以满足一部分人的需求和期望为标准。

/ 思考与练习

1. 为什么要提出设计问题？
2. 问题是什么？
3. 观察生活中的现象，提出有价值的问题。

/ 3.2 / 洞察问题的思维

3.2.1　观察与访谈

克里斯蒂安在他的研究报告中说，"课题的定义和理解时间越长，并使用他们自己的知识结构和理解来形成概念，就越能取得创造性成果。"可见设计问题的重要性。设计思维也并非我们理解的"用设计师的思维去设计"，而是一种解决问题的路径。而解决问题之前，我们要剖析问题和提出问题的人。

（1）观察

问题本身的复杂性源于人的复杂，所以对人的多维度理解能更好地解决问题。首先，人的需求是多层次且多场景的，甚至是动态变化的。例如针对儿童玩具收纳的问题，一个研究人员访谈了一位小朋友的母亲。当问到她如何培养小朋友收纳玩具的习惯时，她回答说她并没有采取特别的方法。也就是说，她并不认为小朋友应该每天收拾自己弄乱了的玩具，而自动把这个事情包揽到家长身上。但当研究人员向她表达了关于培养孩子的收纳行为的设计概念时，她对设计概念表达了肯定的态度。由此看来，人们有时候并不能百分之百地理解自己的处境，而身处旁观者的设计师反而能以"路人视角"发现问题。

因此，我们有理由相信，洞察问题的一个重要方法是观察。观察法，是指研究者根据一定的研究目的、研究提纲或观察表，用自己的感官和辅助工具直接观察研究对象，从而获得资料的一种方法。设计人员需要深入到用户的生活和工作环境中,对用户的行为言谈、表情等进行有目的、有计划的观察。不仅要观察用户做了什么,还要思考他为什么这么做,目的是什么。通过观察他们的行为、态度,来感知用户的需求。这些有可能是问题的关键点。

除了观察外,研究者需要对观察的过程进行记录,以便后期通过记录进行问题汇总。在观察法中,有一种信息整理方法,即 PEPTFM 框架,可以帮助观察人员整理观察内容(表3-1)。P 代表 People,即被观察者。E 代表 Environment,指被观察者所在的环境。P 代表 Product,指被观察者使用的产品。T 代表 Time,指被观察者使用该产品功能的时间/路径操作时间。F 代表 Feedback,指在事件中,得到的被观察者的反馈。M 代表 Memorable,指在事件中,令被观察者难忘的是什么(优缺点)。

表 3-1　整理观察内容的 PEPTFM 框架

People	Environment	Product	Time	Feedback	Memorable
谁	在什么环境下	使用的产品	使用的时间	动作、神情的反馈	难忘的亮点、缺点

(2)访谈

洞察问题的另一个方法是访谈。通过访谈可以获得较为全面的关于问题的信息,从而了解被访谈者行为背后的动机。访谈法收集信息资料是通过研究者与被调查对象面对面直接交谈的方式实现的,具有较好的灵活性和适应性。它具有明显的优点:非常容易和方便可行。访谈法类似于采访,访谈的效果与调查人员的准备程度和访谈的技巧密不可分。因此,访谈前需要事先做好如下准备:谈话进行的方式、提问的措辞及其说明;必要时的备用方案;规定对调查对象所做回答的记录和分类方法。

通过观察法可以获取用户的行为逻辑,通过访谈法可以获取用户行为背后的动机,在这个阶段,研究者是从旁观者的角度,客观地记录"问题在哪里"。而很多时候,研究者需要以"同理心"去体验用户面临的情境,体会用户当下的感受,去理解用户的意图,使研究人员能更立体地感受到用户当下的处境,为更好地解决问题提供尽可能真实的场景。例如,想为医院提供一份能减轻医生负担和病患就诊难度的解决方案,除了要花时间观察利益相关者,与其进行访谈外,还要自己去当一回"医生"或者"患者",通过实际的感受,了解医院的管理模式以及病患的实际需求。为远途的旅客提供良好的候车体验,除了大量观察车站内的人流特点外,还需要自己亲自扮演旅客,亲身感受旅客在特定情境下的所感所受。这些大量的一手资料,会成为大厦建成的基石,帮助设计师摒弃表象而专注于事件的本质,最终提出有温度的解决方案。

对于很多初学设计的人来说，设计的本质就是解决问题。这个观点没错，但换个角度更深刻地去看待设计时，其首先必须是发现对的问题。因为如果解决的问题是错的，那么解决得再好都与目标背道而驰。

3.2.2 移情与批判

（1）移情

在设计思维的方法论中，比较通用的是斯坦福大学设计学院所教授的设计思维五步骤。"移情（Empathize）"在设计思维五步骤中被列为第一阶段，它是探索问题的重要步骤，是定义和解决问题的基础。这个环节是要设计师以同理心去理解用户，也就是换位思考，设身处地地体会用户在当下的情绪与处境。这种思考方式可以理解他人的立场和感受，并站在他人的角度思考和处理问题，使设计师思考的范围得以扩大，保持较为客观的立场。

值得注意的是，以移情的方式理解用户，不意味着摒弃了"自己"。设计师以换位思考的方式去与用户共情，是为了了解用户，而设计师的职责是解决问题，因此在这一阶段还应关注其他利益相关者，通过纷杂、混乱的"线索"来查明"真相"，真正了解设计是要为谁设计的，它是怎么样的一个群体，需求是什么。必要的时候，还需通过与专家交谈或进行调查研究来扩充和丰富设计师的认知与知识结构，这些信息对设计概念（解决问题的方案）的形成是至关重要的。

仅仅停留在脑力想象程度上的移情，有可能会成为一厢情愿。很多时候，我们的认知和知识结构是有限的，仅凭自己的经验与经历去理解对方，也许并不能充分地了解用户。因此，为了达到最好的移情效果，我们往往需要做一些准备。利用调查研究建立起用户画像后，根据用户的"人物设定"，用逼真的道具模拟用户当下所面临的环境，最后通过角色扮演来更好地理解用户的心理和行为。

（2）批判

"疑是思之始，学之端。"早在春秋时期，孔子就提出了批判性思维的重要性。除了探索知识之外，质疑还是发现问题的开始。批判性思维（Critical Thinking）是通过一定的标准评价思维，进而改善思维，是合理的、反思性的思维。它是指在达到最优解的过程中，对问题、想法或不同情况进行客观的评价和分析，从而对问题有一个清晰、公正的理解的思维方法。与其他思维方式相比，它更侧重于如何理性分析我们生活中所见到的所有信息，同时也是一种自我指导和自我纠正的思维方式。

前面提到过，问题具有多样性和复杂性。在产品设计中，关于问题产生的原因也许会有多种解释，如果我们收集的信息不完整或者解读信息错误，可能会导致错误的解决方案和选择。为了摆脱这种困境，设计师可以借助批判性思维所倡导的理性态度来看待问题，以客观公正的视角来审视问题发生的情境，以改善我们对问题或情境的思考方式，在解决问题的过程中，尽量避免偏见或误导信息的可能性。

为了实现批判性思维方法背后的目标，俄亥俄大学拉里·拉森（Larry Larson）教授在1990年发表在《生物教育杂志》上的论文中引入了以下原则：

① 收集有关当前形势的所有必要信息；
② 理解并清楚地定义与情况相关的所有术语；
③ 对收集资料的方法和当前的结论提出质疑；
④ 理解隐藏的假设和偏见，包括你自己的偏见和价值观；
⑤ 对事实的来源提出质疑；
⑥ 不要对所有的答案都报以期望；
⑦ 考虑情况的整体而不是部分；
⑧ 检查多重因果关系；
⑨ 注意思维的停滞。

引入上述原则的目的是确保所收集的数据来源、收集数据的方法也没有错误、偏见和不准确之处，使我们的头脑能摆脱偏见，帮助我们在没有任何外部因素的情况下集中精力解决问题。

批判性思维提供了一种推理性的、反思性的思维来拓展发现问题的视角。我们除了能通过观察与访谈获取问题发生的信息外，还能从以往的优秀作品中发现问题背后的需求点，理解好的问题解决方式背后隐藏的思维逻辑。初学设计人员容易陷入一种情形，即对于一些公认的好的设计作品盲目地模仿，以为这个就是好的设计标准。殊不知，好的设计往往是多样化的，正所谓"甲之蜜糖，乙之砒霜"，某个设计在某种情形下是良药，而在另外的情形下可能就是毒药。因此，作为创意从业者，需要时刻保持"批判"的心态，通过多方查找资料，理解好的设计背后的故事，通过多方查证，理解该设计是否存在局限性，才能公正、客观地对设计作品做出评价。这种评价的过程，实际上也是理解设计语境的过程。

另外，设计者初学设计时也容易陷入一种"别人做过的设计或者创意，我再去学习就容易陷入思维困境"的误区。实际上，从批判性思维的角度来看，优秀的设计作品可以为我们提供良好的看待问题和解决问题的角度，是极好的洞察设计问题的学习资源。一个设计背后的需求和具体设计方案是两个不同的概念。需求背后可以有多个设计方案，就好像前文中"商场卫生间内手部干燥方案"的案例一样，需求是"手部干燥"，而设计方案既可以是纸巾的设计，也可以是纸巾装置的设计，还可以是手部烘干机的设计等。

因此，面对好的设计，应更多地去思考这个设计背后的需求和问题点。假设这个需求是真实存在的，而现有产品解决得非常好，我们可以通过学习这种问题的解决方式来举一反三，看能否以另一种方式解决同一个问题；假如现有的产品解决得不够好，那么这个就是我们产品设计的切入点。

/ 思考与练习

1. 如何洞察问题以及洞察问题的方法有哪些？
2. 举例说明自己在设计中应用到的洞察问题的方法。

/ 3.3 / 定义问题的方法

长期的"填鸭式教育"使得我们习惯了以"经验"或者"教科书"来解决问题。这本来也没有错，但这样的思维模式使我们局限于某种思路，缺乏问题意识，使我们与最佳解决方案失之交臂。

3.3.1 定义问题的问题

笔者在多年的产品设计专业课程教学中发现，每次给学生布置一个不限主题的设计课题，学生所选择的设计课题都会表现出"具象化"的特点。例如，把设计内容聚焦于家电产品、宠物用品或者文创产品这些具体的内容上，这样的选择并非不对，只是在开局就确定内容，相当于故事的开篇就确定了故事的结局，不利于我们拓展思路，发现新的问题。已经存在的产品，相当于已经解决了部分问题，甚至非常好地解决了问题，如果没有任何依据就开始进入设计状态，那设计的结果大概率是重复设计。这样的设计只是为了设计而设计，所提出的设计方案也没有任何依据，结果就是缺乏新意，设计方案要么司空见惯，要么令人哭笑不得。

在设计课程教学中，我们也经常发现一些现象：很多同学一见到设计课题就开始思考解决的方案或者思路。这种惯性思维常常使他们忽略了设计课题的内核，而只专注于表现，缺乏对设计问题的思考与分析，这样所提出的设计方案往往差强人意。事实上，不同的学科背景，其分析问题的思路与方法也是不相同的。同样，专业设计师的设计环境、资源和能力不同，对任务的理解也截然不同。很多情况下，设计师是根据个人感知和构建的设计任务来决定做什么，其中包括设计问题、设计情况、可用资源以及设计目标。从这个角度来看，问题的解决方案看似没有固定模式，并且很大程度上受这些设计师本人的"资源与能力"的影响。

3.3.2 如何定义问题

即使是不同背景的设计师,在面临设计任务时也应时常保持好奇心,启动设计思维的模式。产品设计中,常用"5W 法"来描述事件的全貌,即描述事情发生的时间、地点、人物、原因、过程、结果。利用"5W 法"来找到事情的原因,即通过五个追问,探索问题的根本原因。一是 WHY,即为什么会发生这件事情,发生的原因是什么?二是 WHO,即什么人,在什么地点、什么场景下的什么事?周边有什么人?也就是这件事情的利益相关者都有谁?针对同一事件,不同的利益相关者所侧重的点也会有所差异。三是 WHAT,即什么事?因为什么人、什么事的原因发生了什么事情?四是 WHEN,什么时候、什么情况下、什么场合下的什么事?五是 WHERE,在什么地点、什么场景下发生的什么事?

通过这五个追问,可以大概明确问题发生的整体环境,使设计人员更容易代入到设计的情境中,有利于追根溯源、发现问题。

美国斯坦福大学设计学院将原本需要通过系统的设计专业训练才能掌握的设计思维,简化成不同专业背景的学生都可以理解并掌握的设计思维模型,它包括同理心、定义问题、概念生成、原型化和测试五个阶段。这五个阶段中,定义问题是指将通过同理心所得到的用户意图转换成更为深层次的用户需求,以及对设计问题的见解,并将其描述出来。这个步骤的一个重要产出,是一个有意义且可行的对问题定义的陈述(Problem Statement)。

问题陈述是对项目中待解决问题的清晰简明的描述,也是设计团队识别用户痛点、透彻理解问题、有效定义问题并集思广益地获得解决方案的工具。它重点关注需要解决的问题。一个完整的问题陈述需要明确问题的当前状态、期望的未来状态以及两者之间的差距。它由三部分组成:利益相关者(Stakeholder)+ 需求(Need)+ 洞察(Insight)。用一句话表述就是:"谁"(人物角色描述)需要一种方式去"做什么"(这里注意用动词),因为"什么原因"(你的洞察)。

例如,初入职场的普通职员需要一种方式将吃早餐的时间缩短,因为他的居住地离上班地点较远,常常因为赶公司班车而错过吃早餐。问题陈述中没有定义问题的解决方案或提供解决问题的思路,它只概述了问题的所在与期望的未来状态。

用一句精简的话来表述问题,是为了能更精准地定位问题。如果问题发生的背景充满复杂性和不确定性,则需要对问题做进一步的陈述。例如描述背景信息:描述导致问题的原因、发生的频率、发生的地点和时间以及问题影响的对象。描述问题的相关性:

为什么它很重要并需要解决方案。这是一个用来说明"为什么它是一个问题以及它会导致什么影响"的很好的方式，如果问题不存在，事情将如何理想地发展。描述目标：制定一个简短的计划，说明将要调查的内容以及这将如何帮助我们制定解决方案。还可以假设将要提出的可能解决方案，以及从中预测的收益。

一个好的问题陈述应具备这些特点。

① 简洁。能够用简洁的句子总结问题，说明问题如何、为什么会成为问题，并阐明期望达到的目标。

② 具体。在问题陈述中只写一个问题，即使该问题的影响不止一个。然后，后续的行动只需专注于解决一个问题，减小问题混淆的概率。

③ 可衡量。清楚如何衡量和传达问题，以及提出的目标。

总而言之，以人为中心的设计思维方式首先需要定义问题，然后以开放的心态去探索多种问题解决方式的可能性，最后结合各方利弊权衡解决方案。这个过程其实就是利用我们"拥有的"资源去达到我们"想要的"效果，而我们"想改变的"就是设计决策的结果。

/ 思考与练习

1. 人们定义问题时常见的错误有哪些？
2. 简述如何定义问题。

第 4 章
/ 产品设计的功能思维

/ 知识体系图

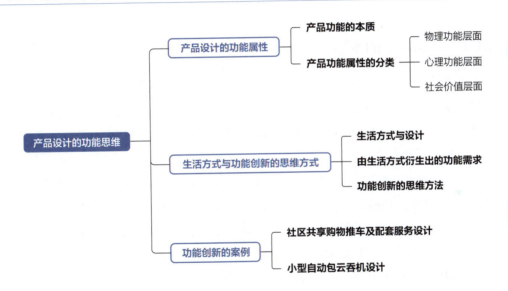

/ 学习目标

知识目标

1. 了解产品设计中功能属性的构成要素。
2. 了解生活方式与功能属性之间的相互关系。
3. 了解功能需求对产品设计思维的启发作用。

技能目标

1. 能够利用生活方式的差异性展开创新设计构思。
2. 能够运用产品设计的功能思维进行产品创新设计。

/ 引例

> **功能价值——反映用户需求的产品设计思维**
>
> 消费者通常将产品设计传达出的可用性、可靠性方面的价值视为设计的功能价值。功能价值被定义为有助于满足消费者的实用需求,也就是说,产品的功能价值反映出用户的需求。那么在智能化、社会化大批量生产方式的现代社会,产品设计如何提供功能价值以辅助消费者的日常生活和工作呢?产品设计背后的思维模式该如何体现?本章将着重探讨产品设计的功能思维的内容。

/ 4.1 / 产品设计的功能属性

4.1.1 产品功能的本质

在现代主义思想所倡导的"形式追随功能"以及"多种功能创造了它自己的形式"的思维观念,和早期包豪斯所提出的功能主义的影响下,现代工业产品形成了以功能为核心的设计思维。该思想主张设计要适应现代大工业生产和生活需要,在设计中注重产品的功能性与实用性。

价值分析创始人麦尔斯1947年在《美国机械师》杂志上发表文章,首次将消费者的需求与产品的功能相联系,指出了"产品制造者为了使产品满足消费者需求,要赋予产品各种效用"。所以,以功能为主的产品设计是设计产品的基础定位。产品价值最终要依靠功能来体现,它以造型、色彩、材质为载体,带给用户最直观的个人感受,而隐藏在这些载体背后的,可以影响产品价值的因素还是产品功能。

近年来,人们对产品功能的定义从包豪斯时期的对"物"的侧重,慢慢转化为现代设计中对"人"的需求的侧重,这虽然与时代背景和生产方式有关,但也从侧面说明了功能性一直是产品设计中重要的设计属性。从产品的角度来说,产品的功能指的是对"物"的功效的要求,是一种构造上的物理属性;而从人的角度来看,产品的功能指的是"人"的需求,是一种对生存与发展的要求,它既有可能是物理上的属性(实用),也有可能是精神上的属性(为满足某种精神需求)。综合来说,产品的功能体现的是"人"的需求,是功能的"人化",而反过来,消费者的需求(功能)体现的是需求的"物化",这种"巧合"共同形成了产品的功能属性。如图4-1所示。

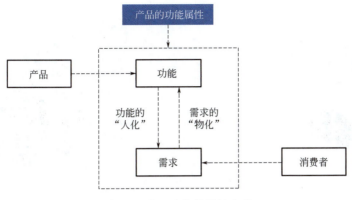

图 4-1　产品功能属性的本质

加入了"人"的需求的功能似乎与传统定义的功能又有所不同。比如对于一个手提包来说，物理属性上的功能是这个手提包的材质、构造使产品具有一定的物品收纳与携带的功能，而加入了"人"的需求（精神属性）的功能后，这个手提包的外观设计、色彩搭配等就要符合用户的预期，例如能体现用户"运动达人"的个人形象、"健康环保"的价值取向等。这些精神上的属性也是需求的一种，满足了使用者需求的设计属性都应属于功能的范畴。

4.1.2　产品功能属性的分类

在价值工程理论中，按照不同划分标准可以把功能分为使用功能和审美功能、必要功能和不必要功能、不足功能与过剩功能等。而依据上面对产品功能本质的探索，产品设计中的功能属性可以分为物理功能、心理功能和社会价值三种类型。

（1）物理功能层面

产品的设计可以传达许多不同的实际考虑因素，例如有效性、易用性、可靠性、坚固性、耐用性、安全性等。设计师通常将产品与消费者之间的相遇视为产品设计与用户之间的对话，并使用设计的语言来传达产品的功能。比如用设计（通过形式、视觉线索、灯光和听觉信号）来传达产品是什么、它的质量（材料和结构）如何。这种体现产品的性能、结构的方便性、安全性、宜人性的属性可以归类为物理功能。

图 4-2 中是一款安全杠杆式开门器，专为餐厅、医生办公室和工作场所等商业环境而设计。对于某些场所而言，门一直是一个敏感的话题——没有人愿意触摸布满细菌的门把手。虽然近年来出现了各种创新的开门解决方案，例如免提脚踏开门器，但它们并不适用于所有类型的门。

图 4-2　安全杠杆式开门器

（设计师：多敏尼克·斯普纳和微光设计室）

对于办公楼和医生办公室等商业环境来说，这款专为门把手设计的开门器尤其适用。如图 4-3，它带有一个支撑区域，用户可以将前臂放在那里以解开门锁并打开门。这种产品的使用方式使人们在工作环境中能尽量避免用手部接触公共设备，减少了被流行病菌感染的风险。

图 4-3　安全杠杆式开门器的使用情景

产品的物理功能是产品设计中最基本的功能类型，以强调使用功能为主。设计的着眼点是结构的合理性，重在功能的完善和优化，外观造型依附于功能特征实现的基础之上，不过分追求形式感，表现出更多偏向于理性和结构外露的特点。

（2）心理功能层面

心理功能是指产品自身表现出的审美倾向、品质内涵、文化特点、象征含义等带给用户心理层面上的感知和作用，强调以产品的形式（造型、色彩、肌理等）创造出具有某种特征的使人愉悦、精神满足的产品。

杰夫·利伯曼（Jeff Lieberman）的装置设计《慢舞》（Slow Dance）是一种能够通过视错觉减缓时间流逝的相框（图 4-4）。它借助一组核心组件和人的视觉特性（每秒 24 帧的观看能力），使人集中精力欣赏相框内的羽毛，将观察者带入一个神奇的新世界。相框底部内置的电磁振动器和频闪灯，以设定好的运动频率协同工作，使相框内的羽毛看起来像在微风中一样缓慢飘动。在完全没有风的房间里，羽毛就像被唤醒了一样，以微摆的姿态展现各种微妙的变化。人在专注于羽毛的微妙变化时可以欣赏到大自然的美，感觉就像是时间被放慢了一样。

图 4-4　杰夫·利伯曼的装置设计《慢舞》

这个设计可以称之为艺术装置。不限于羽毛，相框的装置内可以安装各种物品，如新鲜的花朵或者形状有趣的叶子等。相框可以挂在墙上，也可以内嵌于墙体中。无论放置于何种环境，这个会动的相框就像在大自然中微微舞动一样，盯着它看会不自觉地被吸引，让人感觉时间好似变缓慢了一般。

《慢舞》通过物理学和生物学的融合创造出让人回味童真的情感体验。这里面，产品蕴含的技术只是实现功能的手段，该产品最大的功能是唤起用户对时间流逝的反思，体现消费者精神层面的功能需求。

（3）社会价值层面

除了提供形式与功能之外，产品设计也可以成为自我表达和自我认同的工具。产品设计中的社会价值被定义为帮助消费者提高他们在社会中的感知地位，或是通过产品使用过程中所留下的印象的感知，给他们塑造一种地位感或自尊感。

因此，社会功能亦指产品具备的社会意义的作用，即产品体现出的象征作用或显示个人的价值、兴趣爱好或社会地位。一方面，强调了产品的环保、健康、反思等社会意义，另一方面强调了产品的个性、风格等。消费者以拥有它而感到自豪和满足，别人亦因产品而对主人的身份和地位产生某种认同和肯定。

弗莱塔格（FREITAG）是一个以废旧的卡车篷布为主要原材料，重新设计成包袋产品的环保设计品牌，创建于1993年，从品牌创立起一直致力于废物利用（图4-5）。"骑行"（bicycling）和"循环使用"（recycling）是品牌的核心。品牌将"环保"和设计融合，致力于生产同时具备功能性和耐用性的产品。

图 4-5　弗莱塔格的产品材料来源于废旧的卡车篷布

弗莱塔格为上班族推出了一款实用的背包。这款名为"F155 Clapton"的背包（图4-6）采用废旧的卡车篷布制作而成。除了常见的口袋和隔层设计外，这款背包还拥有五个反射轮廓标记，以确保用户在夜间能被人识别出来，保证骑行者夜间行车安全。F155 Clapton 为骑行人士提供了良好的出行方案。

图 4-6　回收废旧卡车篷布重新设计的背包

卡车篷布这种面料不仅坚固耐用，还有非常优异的材料特性，例如防水、耐磨、易清洁，因此，产品的可用性很强，并且非常结实可靠。然而，这个由旧材料制作而成的产品最为人所知的不是它强大的功能设计，而是它的设计理念。这个品牌的所有产品均采用废旧的材料制作而成，并且保留了原材料的特征，例如材料发黄、老旧、磨损等，使产品自带"旧物利用"的标签，给使用这类产品的人群塑造了"环保人士"的社会形象。因此，这类产品的价值不仅在于功能的实用性，还在于它能给消费者冠以某种"身份"，使具有相同价值观的人能快速集结在一起，最终产生一定的社会影响力。

综上所述，产品设计的功能属性在物理功能层面、心理功能层面和社会价值层面中各有侧重。这些不同类型的功能属性反映了人的需求，体现了产品存在的价值。

/ 思考与练习

1. 设计产品的基础定位是什么？
2. 简述产品功能属性的分类。

/ 4.2 / 生活方式与功能创新的思维方法

4.2.1　生活方式与设计

生活方式是在生产方式的基础上产生，在诸多客观条件下形成和发展的人们生产活动的典型方式，包括人们在劳动、物质消费、政治、精神文化、家庭及日常生活等一切社会领域中的活动方式。一方面，生活方式离不开物质的基础。例如人类活动中最基础的"衣、食、住、行"，需要对应的服饰、饮食器具、起居物品和交通工具等，才能让我们的生活正常运转。而在不同的时代背景和文化背景下，我们的生活方式是有差异的，由此产生的各种物质条件（设计）各不相同，生活方式的多样性也形成了物质条件的多样性。另一方面，物质条件（设计）也为人类提供了多元化的生活方式，并在原有基础上使我们的生活质量得到提升。例如人类传递信息的方式，从原始时期的"飞鸽传书"，到近现代的电话、短信和视频等。也就是说，在不同的物质条件的基础上，面对同一个目标，现代人有多种更高效、更人性化的实现方式。这种物质条件的变化从一定程度上也影响了人类的生活方式。因此，生活方式与设计之间有着紧密的联系，它既是设计师创造的灵感源泉，也是创造的归属。从一定程度上来说，设计是针对人的生活方式的设计，它能使设计更加符合人的使用习惯与生理及心理需求。

随着时代的发展和进步，传统的物质设计慢慢向"服务"这一类非物质的设计方式转变，人的行为方式慢慢成为设计研究的重点。在这样的趋势之下，设计似乎对人的生活方式的影响越来越大。它一方面是对物质条件的设计，另一方面也是对使用方式的设计。因此，设计又是适应生活方式的产物。

4.2.2 由生活方式衍生出的功能需求

在"以人为本"的设计理念影响下，人的行为方式渐渐成为设计研究的重点。设计师将对人的行为的观察作为开展创新设计的依据。同时，设计又是为了解决问题的，而问题的产生则来源于人的需求。因此，人的需求成为设计创新中的重点关注对象。设计师也常常通过用户日常生活的器物、行为方式以及生活理念等角度来刻画用户的形象，甚至将自己置于用户的场景中，以发掘出更多潜在的需求，从而达到创造性地解决问题的目的。

一个典型的场景是"冬季办公"所引发的功能需求。人们常常因为室内干燥或者室温较低而需要不断补充水分，而对于中国人来说，"多喝热水"更是一剂良药。因此，在冬季的室内办公场景中，热水是最简单快捷的使工作更愉悦的方式之一。图4-7中的暖杯器就诞生于这样的场景中。它相当于一个桌面设备，正面有一个杯子底盘，可以加热（或者保持）容器里面的饮料的温度，这样，用户就可以随时喝到温度适合的饮料，省去了不少手动调节饮料温度的麻烦。同时，它也是一个移动电源，并配备了一个USB插槽，能为个人移动终端提供电源。

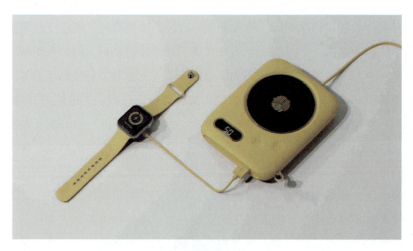

图4-7 USB暖杯器（设计师：Dadaism J）

另一个典型的场景是东方家庭中的"剩菜剩饭"问题。东方国家中，尤其是中国、韩国，饮食以热食为主，并且有"等家庭成员到齐了再开饭"的习惯。在冬季温度较低时，这样的生活习惯常常导致用餐未完成而饭菜先凉的情况。或者，还会遇到由于种种原因需要给家庭成员"留饭"的情况。这时，常常需要人为将食物二次加热，带来不少麻烦。又或者，饭菜做多了，为了避免浪费需要将剩饭剩菜整理到专用容器中再放到冰箱保存，避免食物变质。基于这样的场景，这个名为"ODNY.BOX"的食物储存器提供了一种新的食物存储方式。

这个食物存储器（图4-8）上仅有一个表盘控件，可提供三种存储选择：室温、凉爽和保温。用户可以根据食物的类型和需要，将表盘拨到相应的温度即可。这种非常直观的方式使用户能快速、简易地处理问题，使存储饭菜就像存储水果一样简单。同时，这个储存器表面的平台可以与底座分离，当成一个独立托盘使用。存储器的玻璃盖是半个球体的形状，可以直观地观察到食物的状态，并确保容器的密封性。

 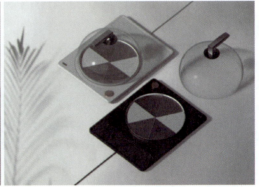

图 4-8 "ODNY.BOX"食物储存器（设计师：朴允智）

不同于传统的市场导向、技术导向的产品设计思路，这种基于生活方式、生活场景的产品设计是一种生活方式导向的产品设计新思路，它引导和启发设计师注重生活方式的观察，从需求出发挖掘出潜在的设计机会。

由生活方式衍生出的功能需求不仅体现在物理层面，还体现在心理层面上。这盏名为布拉奇奥情绪灯（Mood Lamp Brachio）的小夜灯（图4-9）就营造了一种略微"恐怖"的产品氛围。我们或许都有过这样的经历：一个人独处时感到惧怕，为了减缓这种情绪，用一张床单把自己蒙起来。或者有时候想自己一个人待着，于是把自己蒙进被子里，假装自己与世界隔绝了。这盏灯就是这样的造型：在灯灭时，有一张白色的被单（灯罩）罩住了某个"东西"，它的尾巴还露在被单（灯罩）外面，看起来它在被单（灯罩）里面瑟瑟发抖。当把灯打开时，灯光透过被单（灯罩）露出了这只名为"Brachio"的小恐龙的剪影。这样的场景让人似曾相识，感觉自己经历过，然后露出了心领神会的一笑。这时，原本有点凝重的气氛就变得轻松了，甚至会觉得很有趣，它好像勾起了自己的回忆。

图 4-9　布拉奇奥情绪灯（设计师：小水花工作室和乔古曼工作室）

这盏小夜灯由一个灯罩（被单下的小恐龙）、一个灯泡和灯泡底座构成。从物理功能来讲，它与其他小夜灯之间并无区别。但是，通过制造联想勾起用户的回忆，借此引起用户的情感共鸣，它形成了心理层面上的功能创新。

4.2.3　功能创新的思维方法

基于生活方式下的产品设计思路是以人为本的设计理念的细化与实践，将人的"需求"与物的"功能"联合起来，形成人与物之间的有效沟通，使设计出来的产品能有针对性地解决相应的设计问题，以合理的、不喧宾夺主的方式辅助用户完成目标任务。在这里，用户生活方式下的某种需求成为设计（功能）创新的源泉，使基于功能创新的设计方法有迹可循。

（1）聚焦生活场景，整合多种需求以实现多功能创新

在人与设计的关系中，设计所承担的责任（例如引导用户良性消费等）越来越重，但无论未来如何发展，设计始终是为人的设计。因此，聚焦生活场景，实际上是聚焦人的生活方式。在人类社会生活的某个场景中，具体的时间、地点、事件、事件发生的背景、所期待的效果等，构成了人类需求的一个个片段，通过对这些片段的刻画与还原，可以推导出问题发生的原因，并依据人的期待目标提出合理解决问题的关键信息，进而指导设计。也就是说，由"需求（期望的效果）导出设计"。然而这样简单粗暴的"头痛医头，脚痛医脚"的问题解决方式，可能会引发设计制品的泛滥与浪费，因此，有必要针对生活场景的片段进行功能需求的多方整合,形成"多功能"的设计解决方案。

这种整合多种需求以实现多功能创新的设计思维,是将两种及以上的功能巧妙地组合在一起,实现产品的多功能创新。需要注意的是,功能的组合需要掌握一个度,即要分清楚主要功能和次要功能的主次关系,次要功能与主要功能是相辅相成的关系,且不能喧宾夺主。例如前文中"冬季办公"场景下的暖杯器,它的主要功能是给容器内的饮料加热、保温,在保证这个主要功能不受影响的情况下,适当地加入"移动电源"的概念,是符合办公场景的情境的。因此,这里的功能并不突兀,反而是增添了产品的多样性。这种功能组合的设计思维方法是较常用也较易于掌握的创新方法。

(2)积累生活素材,利用创新思维创造新功能

创新思维包括联想思维、逆向思维、发散思维等,它的本质是不拘泥于现有的生活经验以及解决方案,在考量设计投入的情况下,以较合理的方式创造出新的解决方案。创造性一直是设计思维中的重点与难点,它不仅考验设计人员分析问题与解决问题的能力,还非常考验设计人员生活经验的丰富程度和对设计问题的敏锐程度。对这种功能创新的方法来说,生活经验可能会成为思维创新的束缚。例如,我们可能习惯于沉浸在以往的经验中去解决问题,而如果跳出以往惯性思维的框架,可能会看到新的解决问题的方法。

因此,这种创造新功能的思维方法,是利用创新思维赋予产品一个前所未有的功能,使产品能突破性地解决问题。例如前文中关于"剩饭剩菜"的处理问题,传统的经验和方法是重新包装再保存,或者重新加热再进食,有关于这两种解决方案也衍生出了多种产品,例如各种保温盒和微波炉等。但这种食物储存器跳出了传统的框架,它抓住了食物储存的重点——温度,只要保持一定的温度,食物就会减缓腐坏的时间。因此该方案最终通过一个直观的操作界面和简单的温度调节功能,实现了功能的创新。由于创造性思维的复杂性,它需要设计人员具备一定的生活经验,以及创造性思维的素质,因此这种设计思维方式也是最难的一种。它需要设计人员在平时的工作与生活中通过不断积累生活素材获取生活经验,同时需要经过专业的创造性思维训练。

(3)重视情感的作用,改进原有功能形式

注重人的生活方式很大一部分要关注人的精神文化、理想信念方面的需求。情感的作用在于使物与人之间架起沟通的桥梁,使人的精神文化、理想信念等思想情感得以在物质设计上体现出来。在此情况下,物质设计并不是为了满足人的物理功能需求,而是满足其心理需求。与物理功能需求专注于人的使用需求相比,这种心理功能需求更专注于人的情感需求。

因此，重视情感作用的思维方法实际上是一种功能改进的方法，它关注用户的过往经历和情感状态，将产品的原有功能进行适当的延伸，以"嫁接、替换"的方式改进原有形式，使其既能满足人们的使用需求，也能满足人的情感需求，为人们创造新的产品体验。

/ 思考与练习

1. 生活方式与设计之间存在怎样的联系？
2. 产品设计的功能需求体现在哪些方面？
3. 以案例分析来说明功能创新的三个思维方法。

/ 4.3 / 功能创新的案例

4.3.1 社区共享购物推车及配套服务设计

这是针对社区范围内居民出行采购家庭物资的场景而形成的设计概念。目前国内居民出行采购物资的方式有多种，其中最普通也最常见的是步行至菜市场采购。针对这样的生活场景，我们通过观察发现，大多数青壮年人群是用购物袋将购买的物品提回家的。这样做的劣势很明显，例如手提费力，只适合购买重量较轻的肉类、青菜等物品，如果需要购买油、米、矿泉水等重物，则需要特意安排购物专用的手拉车（图4-10）。这好像是理所当然的事情，一开始人们也并不觉得这有什么不对。然而通过设计师亲自体验以及大量走访调查之后发现，大家习以为常的短距离的购物方式也不是那么舒适，尤其是在互联网技术较发达的时代，我们可以有更合理的方式来解决这个问题。

图 4-10　居民外出采购的现象

基于这样的考虑，本概念通过挖掘社区居民出行采购日常用品的痛点，寻找设计的机会，结合互联网技术、产品设计、用户需求三方面的优势和需求，提出社区共享购物推车的设计概念。本概念在解决购物推车的设计问题的同时，兼顾相关配套的服务设计，从用户出行采购日常用品的轨迹、行为、体验感受等方面，记录居民真正的需求，提出功能创新，最终形成设计概念，如图 4-11 所示。

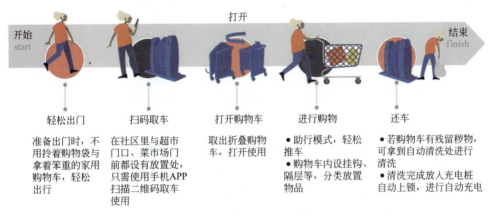

图 4-11　产品设计的概念

在设计概念形成的过程中，为了能挖掘出居民的购物需求，寻找功能创新的依据，采用了服务设计中的相关方法，例如用户画像、服务接触点设计、用户服务流程、产品服务框架等方式。通过这些方法，逐渐梳理出居民在出行采购时各个节点的痛点，形成设计需求，最终形成设计方案。设计方案如图 4-12 所示。

图 4-12　与设计概念配套的购物推车设计（设计者：黄子慧，桂电 16 级产品设计专业）

在"共享"这个情境下,这个购物推车的功能创新需要考虑公共场所的空间利用率的问题、考虑不同人群的使用需求问题、考虑采购物品的类型问题。最终形成了这款车身可折叠、容量可调节、按承重能力进行功能区分等的购物推车设计。除此之外,为了改善居民的购物体验,还考虑了充电、语音提示、清洗与消毒等辅助功能。

该案例中所涉及的功能创新均来源于"社区居民步行至菜市场、附近超市采购"这样的情境,在既定的场景之下,通过调研与分析,最终梳理出人群的需求,从而形成初步的问题解决方案。

4.3.2 小型自动包云吞机设计

中国是一个重视"吃"的国度,俗话说"民以食为天",由此形成了独具特色的地方小吃文化。在两广地区有一种传统小吃称为云吞,又称扁食,源于北方的"馄饨"。传统云吞的做法是以云吞皮包裹着剁碎的馅料手工制作而成,但由于制作过程繁杂,很少有人愿意在家里自己制作,因此,小吃店成为制作云吞的重要场所。

通过对云吞制作师傅的观察和实际的制作体验,发现在"小吃店"这样的场景中,效率是制作云吞的难点,并且长期的重复动作让制作的人疲劳不堪。最终设计师决定,通过机器自动"取皮–放馅–折皮–压皮"的制作步骤,达成自动包云吞的功能需求,最终形成两款不同的设计方案。

这款是全自动的包云吞机设计(图4-13,图4-14),它适用于小吃店等对于制作数量有要求的场景,整体由面斗、馅斗、操控面板、云吞盒及主机五个部分组成。其中,

图4-13　全自动包云吞机设计(设计者:劳俊明,桂电16级产品设计专业)

第 4 章 产品设计的功能思维

图 4-14　全自动包云吞机设计的控制面板（设计者：劳俊明，桂电 16 级产品设计专业）

主机内部又由绞龙、擀皮机构和云吞皮模具组成。使用时，将提前揉好的面团放入面斗，将馅料放入馅斗中，启动机器后，机器将按照预定的制作步骤进行云吞的制作，最终，制作完成的云吞将滑入云吞盒中。

另一款设计方案（图 4-15）是半自动的包云吞机设计。它的原理与第一款方案相同，不同的是，这个设计方案采用了人体感应式的操作设计，需要手动将云吞皮放置在感应托盘上，托盘便能自动传送到折云吞机里实现自动包云吞的动作。机器主体由馅料斗、面皮盘、云吞盒及主机构成，由此节约了大部分的内部结构空间，使这个机器的体积更小，适合比较小型的云吞店面以及家庭使用。

图 4-15　半自动包云吞机设计（设计者：劳俊明，桂电 16 级产品设计专业）

以上两个自动包云吞机的设计方案是针对同一问题的不同解决方案。它们通过对使用场景和使用对象的情境刻画，梳理出用户的需求，以需求为依据，进而形成设计方案。

虽然设计的难点是在功能实现（结构设计）上，但设计的重点却是在对使用场景和使用对象的刻画上：使用的人可能是谁、在什么环境下使用、使用时可能会发生什么突发状况、如何能达到预期的目标（高效率）等。当把这些问题仔细地推敲与梳理之后，相应的对策也就慢慢浮出水面，而这个对策也就是设计概念的雏形。

/ 思考与练习

1. 尝试寻找其他功能创新的案例。
2. 进行功能创新设计时需要注意哪些方面的问题？

第 5 章
/ 产品设计的形式思维

/ 知识体系图

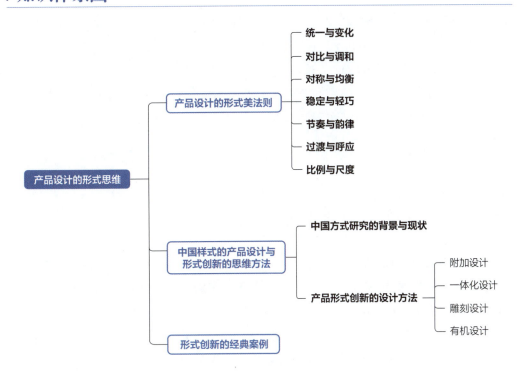

/ 学习目标

知识目标

1. 了解产品设计的形式美法则。
2. 了解中国传统样式的产品设计特征。
3. 掌握产品形式创新的思维方法。
4. 掌握产品形式美法则在解决实际问题中的作用。

技能目标
1. 能够运用产品设计的形式美法则进行符合中国审美的产品设计。
2. 能够把产品形式创新的思维方法应用在中国传统文化中。

/ 引例

> **产品设计的形式思维——产品形式美的追求**
>
> 我们每个人都追求美，美是一种精神享受。我们身边每一件产品都有其存在的价值，它们本身具备合乎逻辑的内容和形式。在现实生活中，美是具体的，美的事物总是以姿态万千、形象迥异的具体形式表现出来，被人注意与接受。对于什么是"美"，什么是产品的"形式美"，本小节将产品设计的形式美法则落实到有法可循的层面，试图构建一个关于以上无法得到全体认可的思考体系。对已有产品设计的造型形式提出思考，举例说明现代产品设计中的形式思维方法。通过本章的学习，使学生了解产品设计的形式美法则，并对中国传统样式的产品设计特征有所了解。本章节着力于中国传统文化、哲学与美的形式设计思维分析与转译，结合实际案例与全球审美，掌握如何利用产品形式美的方法展开设计，实现对中国传统文化的反思与创新设计。

/ 5.1 / 产品设计的形式美法则

物的存在必有本源，现代社会的工业产品各具形态，造型万变，必然源于一定的现代审美追求和时尚需要。作为影响美的价值，"形式要素"是人们在社会实践中总结出的普遍规律，是在大多数人中存在的一种相通的共识。这种共识是人们在长期生产、生活实践中积累的，它的依据是客观存在的美的形式法则，我们称之为形式美法则。

当下，形式美法则已经成为现代设计界的理论基础，而产品设计的目的是满足大众消费需求，因此必须遵循这些基本的形式美法则。利用形式美法则来指导现代产品形态设计对于产品设计来说有至关重要的意义。产品的形态美法则，主要是研究产品的形态美感与人的审美之间的关系，以美学的基本法则为内容来揭示产品造型形式美的发展规律，满足人们对产品审美的要求。事物的美往往也反映着事物的发展规律。在产品形态设计中，形式美法则主要有以下内容：形式美的基本法则，诸如统一与变化、对比与调和、对称与均衡、稳定与轻巧、节奏与韵律、过渡与呼应、比例与尺度等。

5.1.1 统一与变化

"统一与变化"是形式美的基本法则,其中:"统一"是指一种手段,目的是达成和谐;"变化"是一种智慧、想象的表现,是强调种种因素中的差异性,通常采用对比的手段,形成视觉上的跳跃,同时也能强调个性。

统一与变化在产品形式设计中既可以体现产品的规律美,同时也可以体现其差异美。统一与变化的结合应用可以更好地达到产品形式的和谐美。统一在产品设计中的形式为呼应、关联、程序、秩序性等,统一可以使产品设计更加具有艺术的条理性。变化在产品设计中的形式为活跃、运动、新异、差异性等。变化可以使产品设计更加有张力与设计的韵律感。统一中常用的美的形式是秩序。秩序并非完全一致,秩序中追寻个体的多样性并在整体中统一,秩序本身就是和谐的。例如图 5-1 是瑞典设计师西瓦德·伯纳多(Sigvard Bernadotte)设计的银质刀叉,体现出造型、形式功能、比例尺度、设计风格、材质色彩等方面的统一与变化,从而达到和谐美感。

图 5-1　瑞典设计师西瓦德·伯纳多设计的银质刀叉

统一中求变化,会使产品显得统一而丰富;变化中求统一,会使产品显得丰富而不紊乱。例如,丹麦设计师汉宁森设计的"PH"系列灯具,如图 5-2 所示,至今畅销不衰。由于设计师运用了统一、平衡、韵律等形式美法则,该系列灯具在整体的外观、材质、色彩、肌理等布置上和谐统一,从而达到外形的层次感和体积感。设计师运用直线与层级数量尺寸的不同,增强灯具的层次感,既不会破坏灯具的和谐统一,又不会给人以单一死板的印象。灯具的所有光线必须经过一次反射才能到达工作面,有着柔和均匀的照明效果,并能避免阴影的出现。无论从哪个角度看,都看不到光源,避免了眩光刺激眼睛。设计师对白光灯光谱进行补偿,以获得适宜的光色;减弱灯罩边沿的亮度,并允许部分光线溢出，以防止灯具与黑暗的背景形成过大反差造成眼睛的不适。正是该系列灯具造型和结构的统一共同营造了一种温柔舒适的视觉美感。

图 5-2　PH 灯和松果灯

在产品造型设计中，结构的样式、外观的造型、色彩的搭配都离不开统一与变化。在统一中求变化，在变化中求统一是设计的准绳。总揽全局，并以此形成和谐之美、程序之美、变化之美等具体的形式美感。

5.1.2　对比与调和

"对比"是指事物内部各要素之间相互对立、对抗的一种关系。对比可产生丰富的变化，使事物的个性更加鲜明。"调和"是指对事物内部具有差异性的形态进行调整，使之成为和谐的整体，形成具有统一因素的关系。调和是统一之源。两者关系反映事物内部发展的两种状态，有对比才有事物的个别形象，有调和才有某种相同特征的类别。

对比——活泼、生动、个性鲜明 / 杂乱、动荡不安 / 呆板、平淡。

对比与调和在实际设计中要根据不同的产品类别、不同功能乃至不同的消费群体来协调把握。总之，既要使产品生动、丰富，又要合理、美观而实用。

(1) 形态的对比与调和

生活中的各种事物都以不同的形态表现为一种客观存在，可观可感。不同的形态都可形成一定的对比与调和关系。

① 线型的对比与调和。

线型是造型中最有表现力的形式，主要有曲直、粗细、平斜、疏密、连断等。

曲直主要指造型中线、面的曲直关系。曲直可以产生丰富的对比与调和关系，曲直关系的强弱根据不同造型的产品来决定。在产品设计中应用时，根据线条粗细、长短、材质以及排列方式等的不同，直线会带给人不一样的感情色彩表达。如图5-3，直线构成的一号椅（chair one）带给人的感觉是稳定、坚固、秩序化与工整感。"波状线是一种真正称得上美的线条，而曲线是富有吸引力的线"，因此曲线造型可产生浪漫温柔的美感，如图5-4所示。

图5-3　一号椅　　　　　　　　　　　图5-4　曲线椅

② 体型的对比与调和。

自然界中的事物千姿百态，各种生物的生长都合乎自然的规律。圆形属于原生形态，其他形状则属于派生形态。圆形、矩形、三角形是基本三原形，在现代设计里运用广泛。在产品设计中，常用到对方圆、大小、高低、凹凸、虚实、方向等形式对比。图5-5为方与圆、菱形与椭圆、三角形与橄榄形的对比与调和的过渡方式。如将两个图形直接结合会有生硬与拼凑的感觉，而在产品形态的自然过渡中，每两个相邻形态之间既有对比又有调和。从视觉张力的角度来分析，其各自有着不同的视觉冲击力。在视觉感受中，圆形的视觉张力是向四面八方的，视觉张力在整体上产生运动感；而矩形、三角形的张力则是沿边线或对角线向外发射，力的大小相同，具有相对的方向感和稳定感。矩形、圆形、三角形之间相互运用可产生丰富的对比与调和的关系。例如图5-6左侧器形上部是直线组成的圆柱形，下部分是圆弧形组成的圆球，上下两部分之间缺少调和和过渡，组合得比较生硬，视觉上不和谐。若把直线与曲线的连接处改为直中有曲的过渡，并保持上部分以直线为主、下部分以曲线为主的特点，取消瓶颈线，如图5-6右侧所示，造型形态上比原来的过渡自然，相较之下形态更美观。

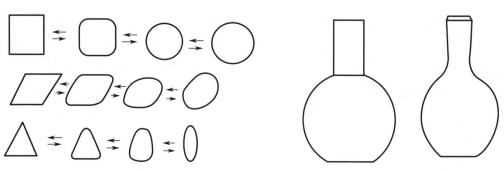

图 5-5　几何形体的过渡变化　　图 5-6　不同瓶身的造型变化

（2）材质的对比

材质的对比是由于材料不同而产生质地的对比给人心理造成的感觉。

① 软与硬。这是指材料的物理密度。密度大的材料一般较硬。一般来说，以一种材料为主的调和感强，多种材料结合的对比感强。

② 光滑与粗糙。光滑的材料给人精细、高档、珍贵感，粗糙的材料给人自然、朴素、低劣感。

（3）色彩的对比与调和

人一般对色彩的认识有两个方面：一是色彩物理性质上的感受，二是色彩心理上的感受。两种感受所产生的对比与调和主要是通过色彩的色相、明度、纯度、冷暖等关系表达出来的。

① 色相。在产品造型设计中，不同色相的搭配会产生不同的效果，一般同类色、类似色、邻近色相互搭配均能产生调和效果；而对比色、冷暖色、互补色相互搭配均能产生对比效果。

② 明度。即色彩的亮度。色彩有明暗、深浅的变化。比如，黄色系中，深黄、土黄、淡黄、柠檬黄等颜色在明度上不一样。这也是色彩的又一重要特征。

③ 纯度。即色彩的鲜灰度。不同鲜灰度的色彩会对造型产生不同的影响，一般高纯度的基调会产生对比效果，低纯度的基调易产生调和效果。

④ 冷暖。即人对色彩的心理感受，不同波长的色彩搭配会产生不同的冷暖效果。在大面积运用时要注意对比的度。

5.1.3　对称与均衡

对称与均衡反映事物的两种状态，即静止与运动。对称具有相应的稳定感，均衡则具有相应的运动感。

(1) 对称

对称具有稳定的静态形式美感，同时体现着功能的美感。对称是比较规则的形式，可视为均衡的完美形式。一般情况下，形体规则的造型比形体复杂的造型更具有均衡感，色彩关系明确的要比关系混乱的更具有均衡感，装饰图案简洁的要比复杂的更具有均衡感。对称的物体往往给人均衡、稳定的心理暗示。如中国古代建筑、汽车、机床、游艇等产品造型（图5-7～图5-10），均讲究稳定的对称美感。其中，图5-10为游艇的设计。游艇在海面上航行时，其对称性会给使用者以极大的安全感，但是完美对称会给人一种静态平衡、单调乏味乃至死寂之感，所以在游艇造型的应用中要运用非完美对称，使整个设计开放灵活又不失安全感，同时能使游艇设计布局上达到等量不等形的平衡。

图5-7 中国古代建筑的对称美

图5-8 汽车的对称美

产品设计思维

图 5-9　机床的非完美对称

图 5-10　非完美对称的游艇

(2) 均衡

如果说对称是造型各方同型同质的体现，那么均衡就是异形异质的体现。均衡所表现的形式美要比对称更丰富。均衡是指造型在上下、左右、前后布局出现等量不等形的状态，即事物双方虽外形的大小不同，但在分量、运动上却是对应的一种关系。如图 5-11，挖掘机上虚下实，从而获得产品的均衡感。图 5-12 所示咖啡器的设计，整体造型右侧体积偏大，为了追求视觉上的平衡，设计师将其左侧手柄设计得较长并使用黑色，以此增加产品整体的视觉平衡感，再加上统一的底座，使视觉效果显得更加均衡而完整。再如，静止的人表现为一种对称，运动的人则表现为一种均衡。利用均衡法造型在视觉上给人一种内在的、有秩序的动态美。它比对称更富有趣味和变化，具有动静有致、生动感人的艺术效果。但是，均衡的重心却不够稳定、准确，视觉上的庄严感和稳定程度远远不如对称造型，因而不宜用于庄重、稳定和严肃的造型物。

图 5-11　上虚下实的挖掘机设计

图 5-12　咖啡器的均衡设计

5.1.4　稳定与轻巧

稳定即静止、平稳；轻巧即运动与轻盈感。

在产品设计中追求稳定与轻巧的美感与很多因素有关，如物体的重心、底面接触面积、体量关系、结构关系、色彩分布、材料质地等，但形式要追随功能，稳定是前提，要将实用理念与外在的形式结合起来，使造型达到和谐而统一。由上而下逐渐增加且重心偏下的产品具有较强的稳定感，体量小、开放的产品具有一定的轻巧感。如图 5-13 所示是产后修复治疗仪器的设计，其整个尺度较高，上部结构较复杂，是主要的功能部分，结构主次关系分明。该产品是医学仪器，要突出其安全、可靠、精密的特点，因此设计师将底部四个可滚动轮子的部分加上了四个圆柱体，使之增加了心理上的稳定与安全感，同时功能美也得以更好地体现。图 5-14 是设计师托马斯·费克特纳（Thomas Feichtner）的作品，灯具整体造型呈现出数字"7"的形态，底部安装有电池和开关，上面是 LED 灯泡和平板灯罩，所用的材料是用密度板压制成型，外表贴一层木纹纸。产品造型非常优雅，给人轻巧的感觉。使用时，我们不用担心它会"摔跟头"，因为底部很重，重心低。

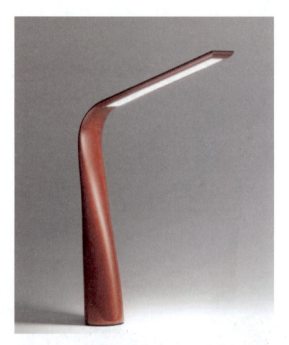

图 5-13　具有稳定感的产后修复治疗仪　　图 5-14　具有轻巧感的 Feichtner "7" 灯

5.1.5　节奏与韵律

　　节奏指事物内部各要素有规律、有程序地重复排列，形成整齐一律的美感形式。节奏体现事物普遍的发展状态。自然界、人类社会到处都体现出节奏的形式。昼夜交替、四季轮回、人类起居、呼吸、新陈代谢、脉搏跳动等，均表现出节奏的关系；音乐节拍的强弱，音量的轻重缓和，舞蹈里动作的重复变化，绘画中点、线、面的重复运用，诗歌韵律的反复出现，电影情节的起伏变化等，都体现着节奏的变化。节奏可使艺术作品更具有条理性、一致性，加强艺术的统一、程序、重复的美感。产品设计反映出秩序与协调的美。产品造型设计中没有音乐所表现的强的时间性韵律，产品中的韵律指周期性律动，规律的重复，有组织的变化现象。产品韵律大致有：连续韵律、渐变韵律、交错韵律、起伏韵律等。如图 5-15 中的音响设计是根据点的大小排列组合成渐变的线，是渐变韵律。图 5-16 中的音响是点的规律排列，形成产品的连续排列与肌理感。

　　当节奏有强弱起伏、悠扬缓急的变化，表现出更加活泼和丰富的形式感，就形成了韵律。韵律是节奏的更高形式。节奏表现为工整、宁静之美，而韵律则表现为变化、轻巧之美；节奏是韵律的前奏，韵律是节奏的升华。韵律的基本形式包括：连续韵律、渐变韵律、起伏韵律和交错韵律。

图 5-15　具有渐变韵律的音响

图 5-16　连续排列的音响

5.1.6　过渡与呼应

"过渡"指造型中两个不同的形状、不同色彩的组合之间采用另一种形体或色彩，使其关系趋于和谐，以削弱彼此的对比。"呼应"过渡表现为一种运动的过程，而呼应则表现为运动的结果。过渡可以是通过形、色、质的过渡而取得首尾呼应的一种关系。过渡是呼应的前提，呼应是过渡的结果。过渡分直接过渡与间接过渡，其中直接过渡会产生强烈的对比效果，间接过渡则产生柔和与协调的效果。

在产品设计中往往会出现因结构功能的关系，使产品造型要素之间的差异过大，出现对比强烈、杂乱无章的外形；不同结构的形体差异较大，使造型缺乏统一的形式美感;点、线、面的关系混乱,色彩的基调不明确,这些因素在一定程度上也影响到产品的功能效应。为了解决这些问题,就需要采用过渡与呼应的手法进行处理,以获得统一的形象。

5.1.7 比例与尺度

"美是各部分的适当比例,再加上一种悦目的颜色。"——圣·奥古斯丁。

比例是指事物中整体与局部或局部与局部之间的大小、长短、高低、分量的比较关系,在产品造型设计中,比例主要表现为造型的长、宽、高之间的和谐关系。良好的比例关系符合使用的需要,更符合审美的需求。产品造型设计中常用的比例关系有如下几种。

(1)几何法则

美的规律是人们从繁杂无序的事物中归纳总结出来的。具有明确外形的事物,其边线、体积、周长都受到一定数值的制约,而这种制约越严格则形体越肯定,其视觉记忆力也越强。比例关系可运用几何学的规律来表现,如正方形、三角形、圆形等均有严格的比例关系。

(2)黄金分割比

即 1∶0.618,是公认的一种美的比例法则,最初由毕达哥拉斯学派提出。1854 年,德国数学家蔡沁做了几何学的作图证明,如图 5-17 所示。

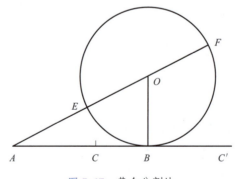

图 5-17 黄金分割比

(3)平方根矩形

在造型设计中使用等矩形,平方根矩形的画法有下列三种(图 5-18)。

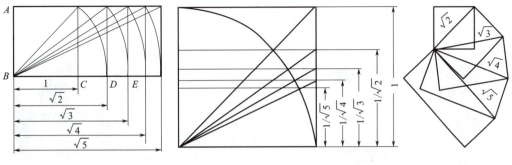

图 5-18　平方根矩形的画法

（4）数学法则

17 世纪以后，数学有了很大的发展，复杂的几何现象可归纳为简单的有理数和无理数的比率，于是就出现了以形体比率绝对数值作为研究比例形式的数学法则。常用的比例有等差数列比、调和数列比、等比数列［图 5-19（a）］、不等比例［图 5-19（b）］。

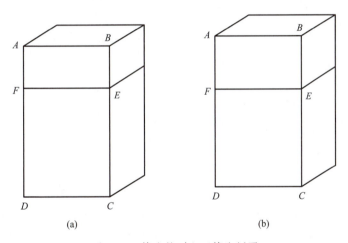

图 5-19　等比数列和不等比例图

产品的比例关系一般与自身的结构相符合，根据结构力学的定律及材料、生产技术来决定，同时还要考虑艺术的形式美问题，将产品的结构功能与造型形式完整地结合起来，使产品既有合理的比例关系又有美丽的造型（图 5-20）。

尺度是衡量物体大小的标准。在更多情况下，它是指与人相关的尺寸，以及这种尺寸与人相比较所得到的印象。造型设计中的尺度，主要指产品与人在尺寸上的协调关系。产品是供人使用的，尺寸大小要适合人的操作使用。尺度与产品的功能是分不开的。为使产品更好地为人服务，则须有一个统一的尺度，这不仅是创造和谐统一的形式美的重要手段，而且也是使产品宜人的重要方面。

图 5-20　具有良好比例的冰箱

/ 思考与练习

1. 产品设计的形式美法则有哪些？
2. 简述形式美法则在产品形态设计中的应用。

/ 5.2 / 中国样式的产品设计与形式创新的思维方法

中国的造物历经数千年的绵延嬗变，具有鲜明的民族特色，成就非凡。中国文化正在成为当下炙手可热的设计主题。但近年来，由于西方观念的强烈冲击，西方设计理论思潮此起彼伏，我国高速成长的设计产业却缺少科学研究本国文化在现代设计中演绎的能力与方法，所以文化设计缺位，本土化的产品设计缺失。本小节将中国样式的产品研究着重落实到方法论层面，对目前具有相当市场前景的本土化现代产品设计提出思考，并举例说明中国现代产品设计中的传承以及转译到现代设计中的方法。

5.2.1　中国方式研究的背景与现状

刘勰在《文心雕龙》中说："望今制奇，参古定法。"即当下要遵循传统的章法。中国传统文化历史悠久，有着鲜明的民族特色，是中华民族历史上思想文化、观念形态的总体表征。中国传统文化是当代设计师想尽力去解读与应用的源泉。中国传统造物有着数千年的历史，中国传统造物智慧也在持续影响着我国的产品设计。把中国传统文化应用在现代产品设计中主要体现在以下三大层次：图案、样式和方式。

图案是指由历代沿传下来具有独特的民族艺术风格的图案。我国传统图案有着几千年的历史，可分为原始社会图案、古典图案、民间和民俗图案、少数民族图案。中国传统图案源于原始社会的彩陶图案。图案的思想内容反映当时的社会政治、经济、道德、伦理等，这为后人研究图案并将中国传统文化应用在产品设计中提供重要的参考。

样式是指形式、式样及呈现出来的样子和形状。中国样式蕴含着中国传统文化，具有公认的中国文化元素，代表中国文化符号。20世纪80年代，中国一批艺术家将在国外学习的西方文化与艺术带入中国，这就是中国样式的开端。

方式是指说话做事的方法与形式。柳冠中先生从事理学的理论出发，研究中国人的行为，从人在解决一件事情的方式中了解适合中国人的产品设计。"中国方式"是对中国文化的精神和内涵的传承与创新。

样式与方式即形式与意义，这两个层级关系既需要对样式进行把握，同时也需要对传统的回望进行再应用。样式与方式需要进行结合。如图5-21中洛可可的"上上签"，中式传统红黑色搭配，造型灵感来自天坛。此款设计就是兼具"中国样式"外观与"中国方式"内涵的产品——上上签。中国人在祈求福祉时追求对美好生活与逢凶化吉的期许、顺逆的情感体验，这是中国人对祈福文化的皈依。探索中式美学的精髓，研究中国人的情感属性，通过把握样式与方式结合的设计手法，让现代产品呈现本土化的审美特征，可以拉近产品和使用者的距离，建立中国人的情感共鸣。

图 5-21 洛可可的"上上签"

5.2.2 产品形式创新的设计方法

作为形式美学研究的一部分，迪特尔·曼考提出形式设计的方法有以下几种。

（1）附加设计

在产品或形式感知中提到的附加设计，除了指产品本身具备的良好性能之外，还包括产品满意度等其他产品特性，因为产品的外观形式附加、功能附加、色彩附加等也能吸引用户。另外，产品的制作工艺、技术与结构等因素，也可保证其较好地满足产品的形式附加设计。如图 5-22 所示，这款小茶杯是中国青年设计师冉翔飞以他在实习期间所做的产品为原形进行改良再设计制作的，意在表达相思之情。杯口山峰中有一个小洞，初识以为是用作挂件用途，但当杯中倒入茶水，山中小洞则变成倒影中的一轮明月出山隘。该设计在保留杯子的使用功能之上附加了中国人对故乡的思念之情。山峦与映入茶水的月，形成一幅具有山水意境的画面。器为器物本体，偏向外部形体。道指内涵思想，偏向内部精神。中国样式的器形设计，表现为杯形与山水画结合，具有中国文化元素与中国韵味。中国式的内在思想，是将"空山、善水、茶韵、思乡"合而为一。

图 5-22　冉翔飞茶杯设计

图 5-23 是针对下肢骨折患者的康复服务机器人设计。该设计对前期的市场调研及用户分析进行痛点分析，设计了一款针对全康复周期使用的康复机器人，在提高康复效率的同时增强了人机互动，满足患者的心理需求，激励患者主动训练，提高了康复训练质量。

第一阶段减重步行训练：当需要改变患者的训练轨迹或模式时，控制系统可以根据关节感应器反馈的运动参数，智能调整电机转速以及辅助步行带的速度，改变下肢各个关节的运动规律。

第二阶段步态训练：通过智能控制系统来模仿此类型患者的步态运动规律，根据患者身体数据情况逐渐减少腿部受力。

第三阶段康复锻炼后期：平衡训练和灵活度训练。

该设计对下肢骨折患者人群的三个阶段进行附加设计，从最初阶段的减重步行训练、坐姿训练腿部，减少这类人群的行走；中间阶段采用步态训练方法，减少腿部受力，可以直立进行练习；直到最后阶段的脱离机器人机身进行平衡训练。作品通过对下肢骨折人群的康复过程进行阶段设计，赋予产品多个功能，在功能附加时，产品本身的造型形式也随之发生变化。

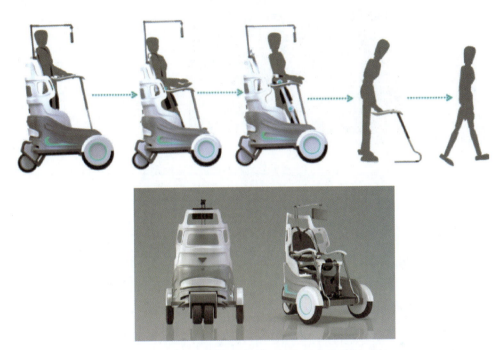

图 5-23　针对下肢骨折患者的康复服务机器人设计

（设计者：杨钰琦，桂电 15 级产品设计专业）

（2）一体化设计

创新工具的使用引出了对产品的整体感知。视觉刺激基本上是通过多种不同的技术和实用功能和使用材料实现的，它可以极大地被形式手段（包括连续线条、连贯性和材料颜色的一致性）简化。占主导地位的基本形式，通常是数学几何意义上的，设计形式的多样性被限制在少数几个基本形状，包括球体、柱体、立方体和四面体。认知和文化烙印使这些几何体在感知心理学中极为稳定。甚至其形式被破坏时，例如切开、减少或增加，它们在我们大脑概念中的视觉形象依然稳定。如图 5-24 所示，这是一款基于旅途场景的公共洗浴设施及线上服务的一体化设计，主要针对外出旅行人群对于洗浴的需求，通过多功能洗浴装置的设计和线上 App 的定位及预约洗浴等功能，来解决用户在外出及旅途中洗浴不方便等问题，从而让用户在外出时也能体验舒适的洗浴环境。

产品设计思维

图 5-24　旅途场景的公共洗浴设施设计

(设计者：李红霖，桂电 15 级产品设计专业)

　　图 5-25 是针对视觉障碍群体的烹饪需求而设计的一款料理台。为了防止视障者在烹饪活动中发生意外，增加其生活幸福感而设计出这款产品，与普通料理台的最大不同之处是增加了料理台的引导性。首先是加入了 AI 智能语音协助烹饪。视障者可根据语音引导知晓方位和完成操作步骤。其次结合视障者的习惯对现有料理台进行再设计。例如，与杯子、水壶相卡使其稳定的底座、底部 15 度倾斜的水池、拥有三种不同刀片的自动切菜机、可移动嵌入式垃圾桶、与柜体相结合的圆筒炒菜机、三种不同材质的调料盒、桌面垃圾清理槽、与物品相对应固定的收纳等。产品布局按照科学的烹饪顺序，即取、洗、切、炒进行排列，整体呈一字形，功能简洁明了，风格呈现代化，适合大多数有视障者的家庭。

　　(3) 雕刻设计

　　雕刻设计的主要应用领域在雕塑艺术创作中，对于东西方古典雕刻技法及现代雕刻材料有一定限定与要求，主要材料有木、石、陶、金属等，可对其进行雕刻或者立体雕塑造型设计。中国传统与现代雕刻艺术表现和艺术脉络的传承具有一定的意义，这一变量并不仅仅遵从产品的纯粹、实用和功能要求，而是单独甚至艺术地解释功能产生了高度的产品质感表达能力。在产品设计的形式中的应用案例如图 5-26 所示，为中国国家博物馆文创产品纸雕灯设计。该产品采用全新激光雕刻工艺，将七层高透光纸片精巧叠加，纸张雕刻细致入微，光洁无瑕疵，在使用时层叠交错，演绎 360 度的梦幻精美。透过画面，大观园的富丽堂皇和精巧扑面而来。底座采用红榉木，纹理清晰均匀，给予人温暖的木质感。柔和的灯光邂逅雕刻艺术，构成了一幅朦胧、温馨、浪漫的画面。

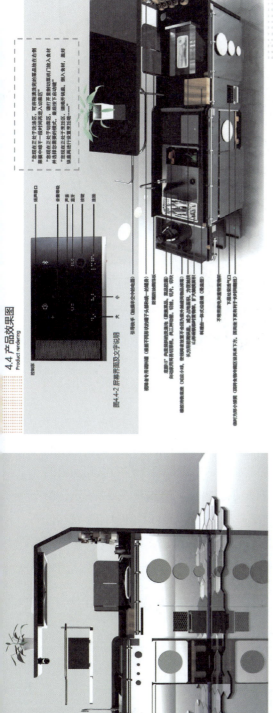

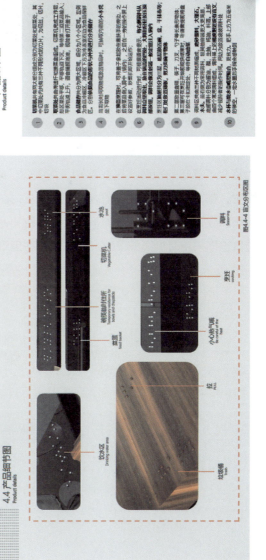

图 5-25 针对视觉障碍人群的厨房设计
（设计者：徐婧然，佳电 17 级产品设计专业）

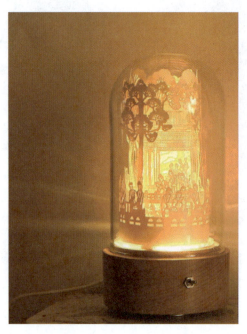

图 5-26　大观园纸雕灯设计

（4）有机设计

这一方法涉及仿生设计原理，同样允许自然联想。产生的结论不仅基于视觉，同时也整合了感知的范畴。这些感知，如嗅觉、对冷热的感觉、触觉经验、作为空间现象的听觉，都是基本的体验，在不同的文化意义上只有微小的差别。例如图 5-27 所示，由杭州独立设计师品牌品物流形（全称为杭州品物流形产品设计有限公司）设计的余杭灯，整体造型采用有机线条设计，像是展开在黑暗中的片片荷叶。

图 5-27　品物流形余杭灯

/ 思考与练习

1. 举例说明中国现代产品设计中的传承以及转译到现代设计中的方法。
2. 简述产品形式创新的方法。
3. 找一款具有中国基因的现代产品设计,分别对于本章所讲述的要素进行分析,并进行总结和归纳,写出自己对设计的体会。

/ 5.3 / 形式创新的经典案例

5.1 节介绍了关于产品形式美法则的内容,主要有统一与变化、对比与调和、对称与均衡、比例与尺度、过渡与呼应、节奏与韵律等。这些规律是人类在创造美的活动中不断地熟悉和掌握各种感性质料因素的特性,并对形式因素之间的联系进行抽象、概括而总结出来的。本小节对已有产品从形式美的法则以及形式创新进行举例分析。

产品的形态常给人以第一视觉冲击,这就是产品形式美的魅力所在。人们会根据不同产品形态而产生丰富的经验联想和生理联想,从而产生复杂的心理反应。形式美感的产生直接来源于产品形态,而产品形态的基本要素是由点、线、面和体所构成的。其中在点、线、面和体的形态要素中,线是最活跃、最富有情感的要素。平面上的形与空间中的形态,其跳跃与静谧、繁杂与单纯、安定与轻巧、严肃与活跃等情感性质无不与线密切相关(图 5-28)。

图 5-28 红点获奖作品"衡灯"(设计师:李赞文)

"衡灯"整体造型具有中国风格。设计师运用悬浮木球作为整体形态中的点元素；悬挂木球的线作为整体形态中的线元素；灯条形成的外轮廓作为整体形态中的面元素；底座作为整体形态中的体元素。以上构成元素使"衡灯"在产品形态中达到和谐美与生动美。灯条的基本形采用了对称设计，体现了产品审美法则上的对称与平衡，同时灯带与底座部分也体现了稳定与轻巧的审美法则。设计师在对产品形态的深刻理解的基础上，打破了传统台灯的开启方式，木框里的小木球是台灯的开关，使用时将放置在底座上的小木球往上抬，两个小木球相互吸引，悬浮在空中，达到平衡状态时，灯光慢慢变亮。该产品除了本身符合形式审法则之外，在使用时的创新交互方式也给乏味的生活带来一丝乐趣。

人们在参与社会实践活动中不断积累的审美经验，促使人类对模仿自然形态、概括自然形态和抽象形态等产品造型产生不同的审美联想和想象，因而也就产生了不同的审美感受。产品的形态美不仅可以作为产品设计的可视和可感要素，同时对人的触觉也会产生感应和刺激。这些不同程度的感应和刺激，会使人产生不同的行为认知，图5-29中是一款针对盲人设计的旋转餐盘。在用餐时，盲人由于视觉障碍无法在餐桌上正常夹菜，他们通常把所有的菜混合在一个容器里来食用，这使得他们无法单独品尝到单个菜种的口感，影响到用餐体验。这款盲人餐盘是一款适用于盲人单独使用的可以旋转的餐盘。产品造型为花瓣状，餐盘被分割成五个花瓣，可以在每一瓣盛放不同的食物。餐盘外沿也是五瓣状。设计师运用附加设计进行餐盘托底的设计，可以通过底部木托盘将餐盘进行旋转，盲人通过五瓣外沿触摸旋转餐盘，将每道食物转动到自己面前，从而轻松地吃到食物。

图 5-29　盲人旋转餐盘

产品形式美的形成几乎都是设计师有意识精心设计的，特别是文创产品，会把文化感受、社会意义、历史文化意义或者仪式、风俗等叙述性深层含义通过产品形式表达出来，表现出一种自然、历史、文化的记忆性脉络。设计，是文化艺术与科学技术结合的产物，需要不断创新。创新，是传统文化与设计的融合和共生。

　　随着这些年大家对中国传统文化的追捧，新思想、新观念以及各种艺术思潮的涌入，给传统文化带来了前所未有的冲击，因而现代产品设计如何体现传统文化是设计师一直思考的问题。这就需要通过产品特定的文化符号及特定组合，使我们关联到传统，体会记忆中的历史文脉。我们要思考如何把传统和现代进行结合，又如何把传统文化转译到现代产品中，做到适合大众审美。每一种文化在造型方面的外部特征都有代表性的符号体现，这种符号来自历史、地域、习性等诸多领域。或者说每一个民族对造型形式符号的选择，都有其民族、文化、历史、习俗等因素的渊源。在这里，符号有超出实用功能和可识别性以外的种种意蕴和文化内涵，包含了其背后的生产方式、生活方式，以及对自然、对人类社会的理解和态度，是整个时代、历史的缩影，也是当时文明的见证。

　　以上两个设计案例分别对产品形式美的原则、形式美的思维创新方法以及如何把历史文化的记忆融合到设计中进行了说明。我们要对产品的形式美法则进行理解与掌握，并在设计中加以运用，从形式美原则入手，结合人的行为进行设计。本章节的掌握需要学生对中国传统文化内核进行深刻理解，追根溯源，同时也需要对现代人的生活习惯、使用行为、消费习惯等有所了解，这有利于传统文化在现代产品中的转译，从而更好地做出具有中国基因的产品。

/ 思考与练习

　　找一款具有中国基因的现代产品设计，根据本章所讲述的要素进行分析，并进行总结和归纳，写出自己对设计的体会。

第 6 章
/ 产品设计的社会思维

/ 知识体系图

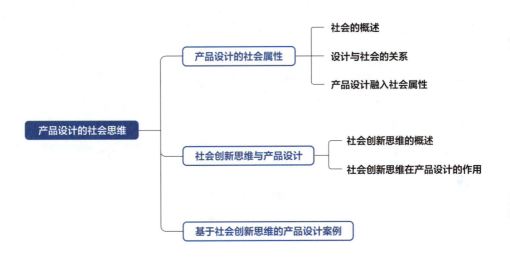

/ 学习目标

知识目标

1. 掌握社会创新与产品设计的关系。
2. 学习产品设计的社会思维发展趋势。
3. 学习产品设计的社会属性、社会创新思维及服务设计的经典案例。
4. 了解社会创新设计的具体落实点以及如何通过设计解决社会问题。

技能目标

1. 能够运用产品设计中的社会创新思维解决社会问题。
2. 能够进行创造性的社会创新设计。

/ 引例

> 设计研究的对象是人,创造的是物。设计的本质是为人们服务,改善人们的生活环境,提高人们的生活质量。设计服务的不是一个人,而是特定社会和历史环境中的特定人群。因此,在讨论设计社会学的知识体系之前,解读社会学的相关概念将有助于加深我们对设计以及设计与社会的关系的理解。

/ 6.1 / 产品设计的社会属性

6.1.1 社会的概述

社会学是一门相对独立的学科,国内外许多学者对"社会"一词的内涵进行了探讨和界定。英国社会学家安东尼·吉登斯(Anthony Giddens)将"社会"定义为一个将个人联系在一起的具有内在联系的系统。一般来说,社会是共同生活的人们通过各种社会关系联合起来的集合。其中,形成社会的最重要的社会关系包括家庭关系、共同文化和传统习俗。从微观角度看,社会强调同伴的意义,并延伸到为共同利益结成联盟;从宏观上看,社会由长期合作的社会成员组成,他们通过组织关系的发展形成群体,进而形成制度、国家等组织形式。

社会通常被认为是人类所特有的,因此社会和人类社会一般具有相同的含义。狭义的社会,又称"社群",是指人类群体活动和聚落的范围,如聚落、村庄、城镇、城市等。广义的社会是指一个国家、一个大地区或一个文化圈,如英国社会、东方社会、东南亚或西方世界。人类社会的学科叫作社会学。从设计的角度来看,人们以一种社会化的方式生活。社会可以理解为人们在共同物质生产活动的基础上相互联系的总和。它是在一定条件下,具有特定时代生产关系的各种人类创造关系的总和,也是人与自然环境、人与人之间的有机结合。就设计而言,其服务于特定的社会群体。社会是设计的对象、环境及背景。正如社会学的基本假设,即人类行为是由社会和社会环境塑造的,任何时代的设计和艺术都植根于一种具有共同问题、共同风格边界和倾向的社会生活。从设计史上的各种思潮中可以看出,设计运动不是孤立的,它是一个统一的系统。任何设计思潮的背后都有整个社会因素的影响和推动,包括政治、经济、文化、科技、艺术等要素。

6.1.2 设计与社会的关系

设计的本质与社会之间关系密不可分,以设计的本质探视,设计的源头是为了解决问题。现代设计是一种社会行为，具体表现为设计是在特定的社会文化环境中，以公众的生活方式为参照目标的社会化设计过程。现代设计以社会中大多数人为服务对象。社会公众不是单一的概念，而是一个集合，是人参与社会活动的代称，这些群体复杂、充满活力，有各种不同的需求。在设计中，社会群体是指具有共同爱好和需求的某类人，如老年人、年轻女性、小学生、中学生等。设计的目的是人，其终极价值尺度也是人，但"人"不是孤立的物质人。正如设计教育家王受之所说，如果这个"人"只是指少数几位显贵，那就是一种老式的设计活动。一旦设计满足了公众，它将具有现代意义，这也是设计民主讨论的重点。设计的民主思想起源于19世纪末。其基本内涵包括以下几个方面。

① 设计不能只满足少数富裕阶层的需求。设计师应该摆脱对金钱的依赖，展现自己的个性，把设计社会学作为引导消费的工具，而不是误导消费。

② 设计应该服务于大众，满足普通民众最迫切的生活和审美需求；在日常生活中，努力让普通人享受温暖的阳光、新鲜的空气、五颜六色的食物、有遮盖的漂亮衣服、舒适的房子、便利的交通、人类知识的自由传承、人与人之间的思想交流、民主和法治等。

③ 设计不同于艺术。设计应该研究服务群体的需求，而不是宣扬个性；通过设计来提高人们的审美水平，改善人们的生活质量，反对唯美主义、形式主义和脱离大众走向自我崇拜的道路。

现代设计是一种社会行为，具体表现为设计是在特定的社会文化环境中，以公众的生活方式为参照目标的社会化设计过程。现代设计的根本目的是为公众和社会服务。设计的物质形态和非物质价值必须满足现代社会的需要。被他人和公众欣赏的产品才能真正满足设计的要求。现代设计是由个人设计师或小组设计团队完成，最终被消费者接受。故而，现代设计通过设计手段引导着现代文化观念、现代消费方式和现代生活方式。现代设计的对象虽然是具体的物质形态，但"生活的意义就着落在具体的社会生活情景之中，为意义提供情景的环境本身就是有意义的"，其设计的根本目的是为公众和社会服务。因此，设计师应该在设计初期就将社会情景分析、群体文化生活参照作为设计活动的基本内容，在设计中通过图像符号、造型结构、线条色彩、材质技术等形式传播社会信息，促进人们的社会交流与沟通。

此外，一个国家发展的成熟度，也可从设计的展现与被重视的程度而探知，并且设计力先进的国家也大多以人们的福祉为焦点，以此进行设计的思考与实践。

6.1.3　产品设计融入社会属性

工业设计涉及的领域非常广泛，与自然科学、社会科学和人文科学密切相关。在工业设计发展史的研究中，我们可以确定设计不是一个自我衍生的封闭系统，而是社会的有机组成部分。产品创新不仅包括技术层面的创新，还包括鼓励创新文化，支持创造能够改变现状、改变人们生活和工作方式并符合国家政策指导的新理念，其核心是产品的社会属性。成功的产品设计必须具有强烈的社会属性，没有社会属性的产品设计不能被定义为成功的产品创新设计。

社会学所倡导的"关注问题的整体关系"的观点，实际上是系统论的观点。运用系统的思想，可以使设计研究以"人与产品"的关系为核心，以产品为主要研究对象，并以人类需求的具体满足为价值判断的标准，将人体工程学与设计的交叉知识置于设计体系框架内的自身位置。因此，产品设计是现代社会中连接人与技术的桥梁。现代设计不仅为人类提供良好的人机关系，方便的工具，舒适、安全、美观的工作环境和生活环境，同时，也是促进人类在现代社会中实现自然交流的重要手段。

工业设计为现代人创造更加优质的物质生活，它在赋予产品安全、合理和有效的使用功能的同时也潜移默化地影响着人们的生活观念及生活方式。譬如汽车的普及使得不少人形成了一种城市工作，郊区居住的日常生活模式。电视机的出现可以说引起了一场家庭革命，即电视机进入家庭后起到了代替传统家庭壁炉的作用，成为聚集家庭成员的新的中心。当20世纪80年代初利用微电子技术创造的微型电视机投入使用后，一种新的娱乐方式随之形成了。这与风靡世界的日本索尼公司首创的"随身听"（Walkman）一样，提供了个人娱乐的方式。因此，工业设计是满足功能需要的过程，而从本质看，其更是一种创造生活方式的过程。

/ 思考与练习

1. 简述设计与社会的关系。
2. 产品设计是如何解决社会问题的？
3. 现代设计对设计师提出了哪些新的要求？

/ 6.2 / 社会创新思维与产品设计

6.2.1　社会创新思维的概述

社会创新是指可以实现社会目标的新想法，即通过发展新产品、新服务和新机构来满足未被满足的社会需求。早在19世纪就有改革家提出"社会创新"的理念，到20世纪60年代，经由管理学大师彼得·德鲁克（Peter F.Drucker）和麦克·杨（Michael Young）广泛讨论，引发后来的学者对该理念的不断研究。虽然现在"社会创新"一词已被运用在各界，但在很多人看来它仍是一个相对新颖的概念，且没有全球统一通用的概念解释，常根据不同机构的解读而变化。默里（Murray）等学者指出，社会创新指的是在结果和方法中都含有社会效应的创新。具体而言，社会创新是一种新的想法（产品、服务或模式），能在满足社会需求的同时，创造新的社会关系或合作。詹姆斯·菲尔斯（James A Phills Jr.）等学者（斯坦福大学社创研究中心）指出，社会创新是对某个社会问题的新颖的解决办法，这个解决办法比现有的更有效、效益更高、更加可持续或更加公正，同时它所创造的价值为整个社会带来利益而非仅对某些个人有利。瓶行宇宙（BottleDream）中指出，社会创新是一群人通过协作努力，用创新的方式解决某个特定的社会或环境问题。社会创新可以是一种产品、一项技术、一个设计、一种行动方法、一个商业模式，甚至一个新的游戏规则。

杨氏基金会的报告 Defining Social Innovation（2012）中总结了往期重要的社会创新研究论文和报告，并且提出了"6步法"（图6-1）帮助人们快速掌握社会创新方法论。而这一理论也被广泛应用于设计思维、社会设计等模型中。创新思维是世界著名设计公司IDEO创始人开发的思维模式，并用于斯坦福大学设计学院的实用教育。创新思维提供了成熟完整的解决问题的方法，有效地帮助人们处理各种实际问题。现在的创新思维成为专家们在人生各个领域分析和解决复杂问题的常用思维。社会创新的5大思维分别是深度思维、发散思维、加减思维、移植思维和发展思维。

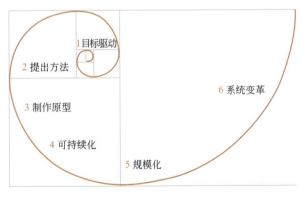

图6-1 社会创新6步法

（1）深度思维

深度思维是从多角度思考事物，不断逼近事物本质的立体思维。它不是知识输入后的思考,而是不断践行转化后的思考。拥有深度思维能让你从战略的高度把握事物发展的方向,需要刻意练习、不断结合实践,方可探寻到问题的本质。通过深度学习思维建立事物间的全面连接,包括横向连接和纵向连接,探寻问题的本质及掌握事物发展的底层逻辑。

（2）发散思维

发散思维是一变多的多向思维,是通过不同途径、不同层面来探寻多种答案的思维方式。发散思维既可以是一种水平思维也可以是一种平面思维,掌握这种思维,将使你的思维更加活跃。找寻问题的突破口时需要发散思维。

（3）加减思维

加减思维是通过对事物分与合,加与减的排列组合而产生新的创意,以此所形成的思维方式。加法思维更多运用于思维发散的领域中,诸如创意广告类、业务拓展类、产品设计类等方面。减法思维除了应用于产品创新中外,更多地运用于管理、社会的治理、人的生活中。

（4）移植思维

移植思维是通过将某领域中的规律和原理以及功能和方法,移植到另一个领域的思维方式。移植的方式有两种:一种是通过移动的东西,触景生情,引起关联;另外一种是根据移植的必要性,寻找"可移动的东西",与通过联想移植的发明成果有关。移植方法的使用并不随意,是研究对象之间的整体性和交流。移植并不是单纯的追加和组合,它本身就是一个创造性的过程。

（5）发展思维

发展思维也叫作成长型思维。成长型思维者相信人们的基本素养可以通过自己的努力得到改善,通过长期的训练和努力,可以发掘自己内在的可能性。

6.2.2　社会创新思维在产品设计中的作用

社会创新思维设计作为一种新的设计形态,正在借助产品设计来创新性地解决社会问题,改变生活方式甚至推动社会革新。老龄社会带来的养老问题、女性力量的崛起、环境问题的持续关注以及一系列新的社会问题的出现,从儿童到老年,从城市到乡村,从平面到空间,许多思考和问题都需要重新找到新的角度和解决方法。设计师们在思考如何通过社会创新实践来帮助人们解决不同的问题,过上更美好的生活。

社会创新的定义有很多，各种定义无论侧重点如何，都保持了两点共性：为社会需求而创新；为群体或社区而创新。设计的变化从专家设计到参与式设计，从物的设计到非物的设计，以及为社会创新和可持续而设计（图6-2和图6-3）。

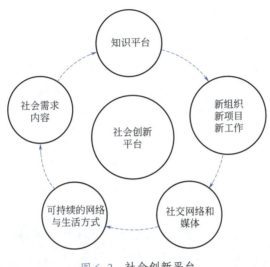

图6-2 社会创新平台

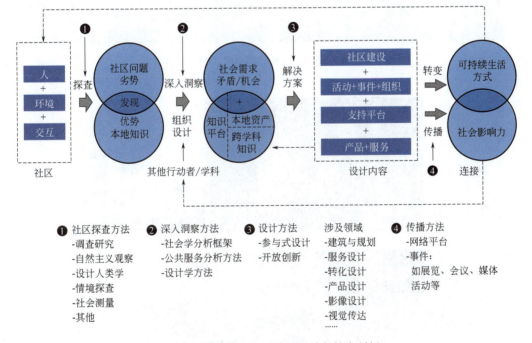

图6-3 基于社区和网络的设计与社会创新

/案例分析

湖南大学设计艺术学院教授何人可的《农村社区社会创新研究与实践——新通道设计与社会创新夏令营》中说到为什么农村社区需要社会创新。他从三个方面进行分析，分别是全球化经济对农村边缘社区的挑战、旧方法不适应新挑战的需求和"以人为本"：社区与人的幸福。

新通道设计与社会创新项目从开设到现在致力于"文创公益与精准扶贫"，通过新的文化生产方式，凝聚参与群众的愿望和文化自信，激活创新能力，还开设了"学生创业＋农民创新"的双创模式。项目以构建地方文化资源平台为基础，发展特色文化产业为手段，由15个国家的400多名师生共同参与，成功地将文化资源转化为产业价值，积极推进地域文化和产业创新，阶段性地完善了"基于社区和网络的设计与社会创新（DS-CN）"方法，积累了丰富的地域文化研究和乡村振兴实践经验（图6-4和图6-5）。

图 6-4　新通道设计与社会创新项目网站项目概况

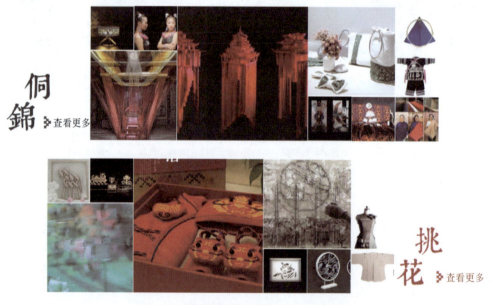

图 6-5　新通道设计与社会创新项目网站

/"新通道·三江源"案例分析

此项目运用面向社区的数字化社会创新理念,结合青海水质监测项目,尝试探索新的设计模式,运用以社区为中心的设计方法。以湖南大学设计艺术学院的"新通道·三江源"青海水质监测项目为例,其开展青海水生态社区研究和群体需求研究,提出以社区为中心的水质监测网络,最终输出了该地区的产品及服务系统设计,为水质监测领域的数字化创新实践提供了理论支持和案例借鉴(图 6-6 和图 6-7)。

图 6-6 新通道系列项目网站设计及三江源项目网站

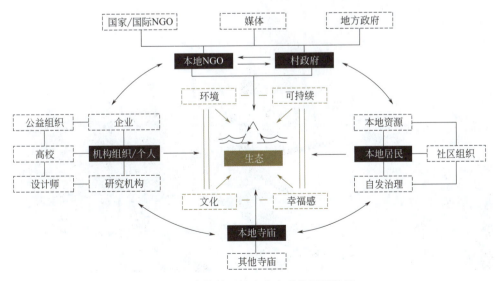

图 6-7 青海地区的水生态系统网络设计

/案例分析

此案例是"新通道·花瑶花"项目的非遗研究与创新实践，以花瑶花为主题，围绕社会创新中的协同设计方法展开，实现非遗项目文化与经济平衡发展，是实现地方可持续发展的重要手段。通过协同设计的介入，与社区居民共享价值，构建地方知识平台，从非遗产品和商业模式开发等几个方面说明了协同设计的价值和作用。合并当地合作设计的地方产品，以统一的品牌形象进入市场。项目从传统社区的可持续角度出发，通过专业设计团队的组织参与，推动政府、企业、当地居民的共同对话，实现传统文化的复兴。事实证明了协同设计在"创新"中实现地方文化和经济可持续发展中的重要性（图6-8和图6-9）。

图6-8　花瑶妇女自主进行图案设计的花瑶花相机带

图6-9　花瑶地方土特产包装

/ 思考与练习

1. 什么是社会创新？
2. 分析创新思维的 5 大原则，并探讨其在哪些领域有所应用。
3. 结合案例说明社会创新思维在产品设计中的作用。

/ 6.3 / 基于社会创新思维的产品设计案例

相较于传统以产品功能为导向的设计，越来越多的社会设计师开始针对贫富差距、永续生态发展、人口老化等社会议题提出不同的观察与解决方案，将对明日更好的期待放进今日的设计方案中。除了设计师开始反思自己在社会上的角色，也希望通过设计来帮助社会。另一方面，也有些消费者越来越关注社会议题，也会反过来督促品牌、企业重视社会责任，间接带动整个社会进入越来越良善的正向循环。

6.3.1 关注弱势群体

当老年人在总人口中的比例占了大多数或者有了很大比例的上升，就需要有新的如养老金和护理等方法、形式甚至法律来保障老年人的利益，改善他们的生活境况。

/ 案例分析

针对老年人"食"的产品及服务系统设计（图 6-10 和图 6-11）。

将社会创新思维运用到社区居家养老助餐方式中，在一定程度上能完善老人助餐体验、实现资源的优化配置。对服务设计与社区居家养老模式及助餐方式的理论研究和调研分析，拓展了服务设计的应用领域。通过"食无忧" App 完成点餐服务、定制服务、上门服务三大板块，为老人提供多种选择以及更加便捷的服务，如附加健康检测、蔬菜培育机、餐食送货上门等，完善了关于老人餐食相关场景的服务设计。蔬菜培育机是一款陪伴式居家种植机，多功能、模块化的种植不仅给老人提供餐食中的绿色蔬菜，还能培养老人各方面的能力；AirTag 是一款蓝牙连接监测系统，可监测老人健康状况，给老人提供符合个人口味的餐食。这些模块融合在一起，以一种全新的产品设计展开。

产品设计思维

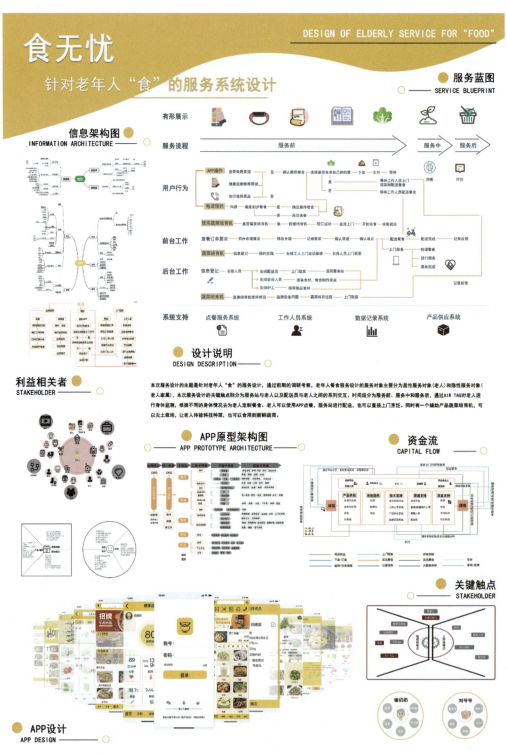

图 6-10 针对老年人的"食无忧"服务系统设计（一）
（设计者：任晓晓、平原、林旭，桂电 20 级研究生）

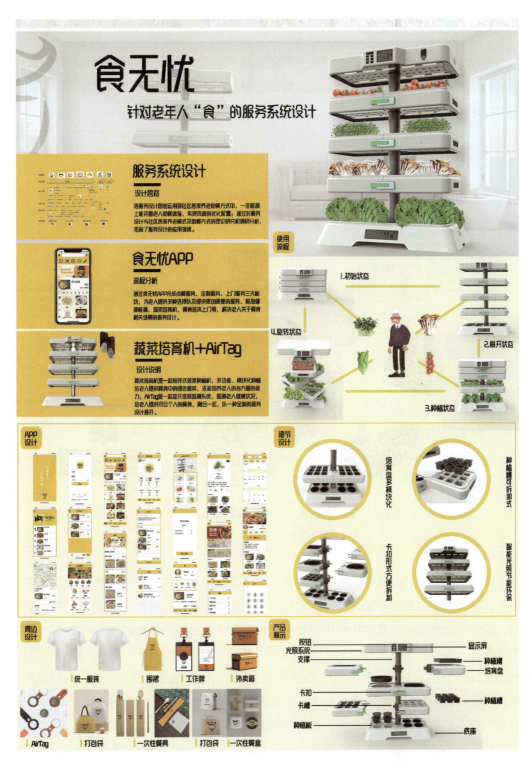

图 6-11 针对老年人"食无忧"服务系统设计(二)
(设计者:任晓晓、平原、林旭,桂电 20 级研究生)

6.3.2 关注差异文化

世界上不同文化、民族、国家甚至不同城市之间，都具有差异性，这些差异性容易造成彼此的冲突和憎恶。因此，我们需要以创新的方式进行文化教育和语言学习，来促进不同地域文化间的和谐。

/ 案例分析

面向儿童的桂林博物馆民俗文化数字创意产品设计如图 6-12 所示。

图 6-12　桂林博物馆民俗文化数字创意产品使用流程

（设计者：王燕楠，桂电 17 级产品设计专业）

随着人们的关注，博物馆渐渐成为现代青少年最好的"第二教学"场地，但其中的展览却缺少针对儿童参观的设计，导致其教育作用微乎其微。为此，以桂林博物馆为背景，设计了此套面向儿童的桂林民俗节庆文化数字化体验产品，通过数字化为桂林民俗节庆搭建一种多场景的传播方式，让博物馆中单调死板的文物"活"起来。设计师以桂林四个民俗节庆为基础，依据节庆的主要举行地点绘制了包含壮族三月三、河灯歌节、禁风节、八岩瑶牯圩的四个节日地图。立体积木的摆放可以触发对应的交互反应，展示各个节日人们的特色活动和场景，让儿童在玩耍中学习，也培养了儿童的动手能力和空间逻辑。民俗地图以调研提取的设计色彩为基础，用大色块、低饱和度的颜色设计民俗地图，小色块、高饱和度的颜色设计角色积木，更加吸引儿童的兴趣。产品整体造型较圆润光滑，既安全又美观。儿童既可以通过角色积木的行为动作来了解民俗节庆活动内容，也可以根据触发的交互音乐及介绍动画来了解，从视觉、听觉、触觉等多方面融入多感官的体验。包含阅读、观赏、演示、互动的多维认知形式，刺激了儿童的记忆力，达成桂林民俗节庆文化的知识传播（图6-13）。

图 6-13　面向儿童的桂林博物馆民俗文化数字创意产品设计
（设计者：王燕楠，桂电17级产品设计专业）

设计师充分利用博物馆的空间优势，将面向儿童的桂林民俗节庆文化体验设计成一个场景。数字化的体验场景让桂林民俗节庆文化变得生动简单，场景中空间搭建的错综感可以增加儿童的探索兴趣，产品鲜明的色彩也可以吸引孩子的兴趣。孩子以拼图的方式动手创作桂林民俗拼图画，并可以在终端上对画作进行二次修改和创作。这极大地增加了产品的可塑性，培养了儿童的动手能力和创造力。此设计基于对桂林民俗节庆的场景元素提取，设计了基础几何造型积木。儿童可以将积木自由地拼贴在智能墙面上，通过感应将积木造型呈现在一侧的平板上，在平板上进行任意的色彩变换和涂鸦。最终的设计稿件可以打印收藏。在多人模式下可以进行同时互动，适合家庭的多人体验，增加创作的趣味性。

6.3.3　设计到"社计"

追求公平正义应该是这个时代最希望提倡的议题。面对社会问题，有许多重要的议题亟待解决，希望社会设计师共同来面对。社会创新设计不仅是一种设计方法，更应当是一种视野。当我们的设计不仅仅立足于专业的功能与个性，而上升到了人与人、人与社会关系的思考时，每一位设计师都能够感受到能量的流动和来自互动之间的友善。希望设计师通过不断的学习交流，可以转换焦点和思考框架，从设计变成"社计"。社会创新设计的具体落实是依靠社会企业、社会创新组织解决社会问题、满足社会需求，并且以产生永续的影响力为最终目标。社会创新的灵感往往无法通过设计师的一己之力独立完成，仍须借助组织与团队的力量，依靠成员的驱动力，应在互惠、合作、凝结相同的意志、共享资源与想法的基础上，以合作共赢的态度，而非利益优先的考虑，才能共同完成创新之举。社会与设计两个专业可以完美结合不同的知识与技艺，一起合作，进行社会创新，共同解决具体社会的问题，更进一步改善当地生态与环境，共创永续的生产、繁荣与联结。

/ 思考与练习

1. 简述社会创新设计及其分类。
2. 按照社会创新的步骤，尝试完成一次基于社会创新思维的产品设计实践。

第 7 章
/ 产品设计的整合创新思维

/ 知识体系图

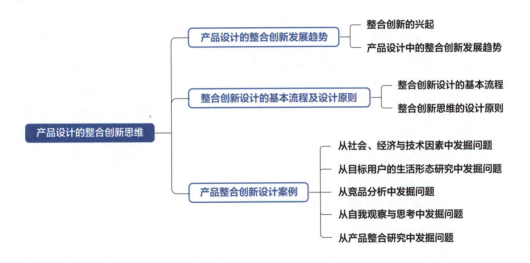

/ 学习目标

知识目标

1. 掌握整合创新设计的基本流程及设计原则。
2. 学习产品整合创新设计的相关经典案例。
3. 了解产品设计中的整合创新发展趋势。
4. 了解整合创新思维在产品设计中的发展融合。

技能目标

1. 能够运用整合创新思维发掘新的产品设计机会。
2. 能够进行创新性的产品整合创新设计。

/ 7.1 / 产品设计的整合创新发展趋势

7.1.1 整合创新的兴起

随着移动互联网和数字技术的深入发展,"后互联网时代"正在给我们的社会生活和世界带来颠覆性的变化。多伦多大学罗特曼管理学院院长罗杰·马丁(Roger Martin)提出的"综合思维"可以成为锻炼我们思维能力的利器。它可以同时容纳我们头脑中两种相互冲突的观点并提出一个综合双方优势的解决方案。也就是说,综合思维以一种复合、动态、灵活和建设性的方式处理对立的观点,不是以牺牲一方选择另一方为代价,而是以一种创新的方式消除两种观点之间的对立。新观点同时包含一些观点对立的因素,这比两种观点对立要好。换句话说,对于领导者来说,当面对两种情况时,他们不会从中选择一种,而是创造出一个更好的答案。

创新是人类文明和经济社会可持续发展的重要动力,也是世界经济社会发展的重要课题。整合思维是一种全局性思维,它以复合、动态和灵活的方式为我们提供了选择。整合式创新理论的兴起具有其特殊的历史性和时代使命,它源于中华传统文化中的创新因素,并由国家科技工作者结合时代发展趋势、国际性前沿技术先机引领科技发展方向等需求提出,是具有中国特色的创新理论。

基于东方哲学和中国传统文化的优势,陈进首先提出了一种新的创新范式——整合式创新,即由战略愿景驱动的全面创新和协同创新。集成创新有"战略""全面""开放"和"协同"四个核心要素,它们在集成创新的整体创新理论中相互关联、有机统一。整合创新框架成为战略指导下的新兴创新范式,如图 7-1 所示。

在开放式创新生态系统背景下,集成创新是综合管理改革下的创新,是在东西方哲学指导下自然科学与社会科学跨界融合的"三位一体"。创新思维所蕴含的大局观、统筹观、和平观的融合,符合东西方哲学的核心价值追求,有助于在国内外跨文化竞争过程中实现工程、技术、科学、人文、艺术、市场的相互融合,突破传统企业边界,推动企业与外部需求方、供应商甚至国内外政策方和其他创新利益相关者共同构建纵向和横向创新生态系统。通过跨境创新、竞争与合作,动态协同开发市场机遇和科技潜力,创新企业产品和技术,促进产业转型和区域协调发展,实现"为和平、全球可持续发展、人类幸福和价值实现而创新"的最终目标。整合创新理论认为,在构建新的国家和企业创新生态系统的过程中,不仅要避免过度开放导致的核心竞争力缺失,还要防止过度强调自主性导致全球创新资源和机会的最大化利用丧失。这一思想与中国哲学中的"中道"和"允执厥中"思想一脉相承,也符合中国现代国家治理的制度逻辑，是一种具有中国特色和世界意义的新的管理思想。其对于构建新的国家创新生态系统、加快企业发展、培育世界级创新龙头企业具有重要的理论和实践价值。

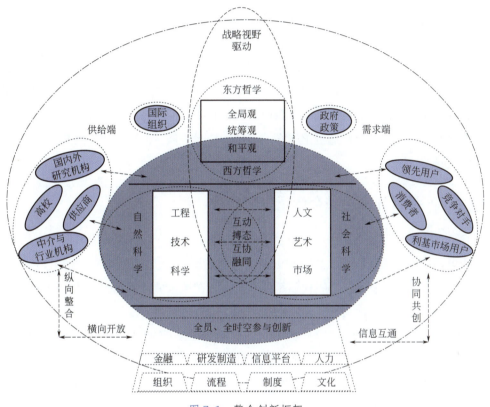

图 7-1　整合创新框架

在国家层面，整合创新包括中国特色的和平理念、国家体系下战略实施的优势以及制度驱动的中国创新的经验和智慧，同时也符合中国创新的实际需要。要实现社会经济的创新发展，不能仅依靠信息化、工业化、农业现代化和城镇化，我们要着眼大局，把消除贫困、促进健康、保护环境、国防建设和国际事务结合起来，通过各方面的有机结合实现富民强军，促进世界和平与发展的目标。

在企业层面，应当从大处着眼，立足高远，通过前瞻性的战略设计，引领自身及生态系统的发展演变方向，快速实施战略，打通横向资源整合和纵向能力整合的大背景，依靠协同创新思维，在总体思路下实现技术集成和产品创新，实现竞争与合作共赢。基于集成创新理念，创新需要融入企业整体发展战略，以战略创新引领技术创新和管理创新，实现整个价值链的动态整合，真正落实"人人都是创新者"的理念。在集成创新过程中，企业不仅要注重通过全员、全要素、全时空的创新来强化技术要素，还要注重非技术要素的探索和利用，从而创造出自己独特的"双核"——技术核心能力和管理核心能力，从而超越传统的"引进式"追赶模式，在新的竞争环境下消化、吸收、重复创新，加快实现颠覆性技术突破。集成创新与传统创新理论的最大区别在于，集成创新倡导战略导向，强调企业技术创新体系建设，从系统和全局的角度管理创新过程，注重对国内外环境、行业竞争趋势、技术发展趋势的战略研究和判断，以战略创新引领技术与非技术因素的融合发展。展望未来，在应用集成创新、构建自身动态核心竞争力、加快技术突破的同时，企业应进一步强化科技创新的整合思维，以未来使命和战略眼光引领持续创新跨越。在提高经济效益的同时，企业还应不断让组织内外的个人提升自身能力、价值和幸福感，在此基础上创造越来越多的可持续社会价值，促进行业、国家乃至世界的可持续发展。

7.1.2　产品设计中的整合创新发展趋势

想要立足于世界先进之林，首先要具备创新能力。基于当今产业发展所引发的对于创新的再认识，在设计领域，整合与创新的概念逐渐兴起。集成创新不同于技术创新，它必须由用户的需求驱动，而不仅仅是技术本身。在技术扩散加速的全球化时代，其本质是将多个关联要素打散组合，重新构建创新性的有机整体。以信息物理系统融合为核心的工业 4.0 的发展，使得设计思维和设计工具发生了极大的转变，整合创新已成为未来创新设计的重要方向。

德国斯图加特国家视觉艺术学院的乔治·特奥多雷斯库（George Teodorescu）首先提出了集成设计的概念。他指出，整合设计就是针对人类生活中的各种问题与需求，根据市场的独特性设计要求，提出系统、整体的设计解决方案。通过整合设计将原本看似杂乱无序的单体或元素组合起来，达到系统资源的整合利用，高度强调设计内容的协同与合作。产品整合设计整合了产品的形式、功能和空间，充分发挥产品的最大功能，达到产品内部结构优化的目的。产品整合设计属于系统设计的范畴，它综合了产品与产品本身、产品与环境、产品与用户之间的关系，在基于用户体验的前提下，利用整合设计达到产品功能与价值的优化，进一步提升用户体验。就产品本身而言，整合的内容可分为产品功能和产品形式两部分。产品功能的整合设计是指将产品分解为单独模块，在保证单独模块能发挥作用的前提下，采用集成设计的方法，使产品的各个小模块相互配合、补充，形成新的组合结构。新的组合方式能发挥特定的功能。结合管理界最近在集成创新、开放创新和协同创新的基础上探索新的集成模式的尝试，设计界提出了基于驱动创新的 TBD（Technology，Business 和 Design）

集成创新概念。

互联网新经济时代，企业创新遇到了很多新的困难和问题，脱胎于"整合创新"的现有整合创新理论需要拓展改进。关于技术、商业和设计的一些新 TBD 整合创新概念引起了各界学者及专家的关注与讨论，主要包括以下几个方面。

① 设计驱动式创新理论所衍生出的 TBD 整合创新概念。例如，罗伯托·维甘提（Roberto Verganti）首先提出，除了传统的"技术推广"和"市场拉动"之外，"设计驱动"作为第三种创新动力被引入。

② 设计思维理论所衍生出来的 TBD 整合创新概念。IDEO 首席执行官蒂姆·布朗（Tim Brown）将设计思维定义为：用设计者的感知和方法去满足在技术与商业策略方面都可行的、能转换为顾客价值和市场机会的人类需求的规则。这本质上就是 TBD 整合创新。

③ 跨界专家前田约翰（John Maeda）提出的 TBD 整合创新概念。前罗德岛设计学院教授前田约翰提出了 TBD 整合创新概念，其认为技术、商业和设计三者将共同影响经济发展的过程。刘颜楷等人（2018 年）在研究中围绕价值创新主线，将技术（Technology）、设计（Design）、商业（Business）、营销与媒体（Marketing & Media）、消费者（Customer）五个创新维度连接起来，形成空间上多元非线性创新模式——TDBMC 整合创新模式，如图 7-2 和表 7-1 所示。四个不同层次的创新维度整合形成不同的集成创新能力，分别对应研发集成创新能力、战略集成创新能力、纵向和横向集成创新能力，以及多元化集成创新能力。其中，创新维度的整合趋于宏观，包括创新主体、专业、职能部门、相关资源和价值需求的整合；综合创新能力往往是微观的，包括具体创新能力在创新过程的不同环节和四个层次上的整合。以互联网智能时代的硬件产品为例，如果将创新产品与人脑进行比较，理性的技术创新（T）和感性的设计创新（D）分别类似于人脑的左脑和右脑，共同决定创新产品的功能和形式。其中，技术创新（T）侧重于解决"创新能否被利用"和"创新能否实现"的问题，主要体现创新的功能价值和生产价值。设计创新（D）重点解决创新"好看与否"和"好用与否"的问题，主要体现创新的审美价值和体验价值。营销与媒体创新（M）和商业创新（B）分别构成创新产品"大脑"的前端和后端，通过渠道、沟通、运营和投资的共同推动，提高创新成功率。其中，营销与媒体创新（M）重点解决消费者的"认知"和"影响力"问题，主要体现创新的品牌价值和传播价值。商业创新（B）重点解决"如何赚钱"和"赚更多钱"的问题，主要体现创新的经济价值和投资价值。当然，完全的创新离不开客户的创新。消费者创新（C）着眼于解决消费者关注的"值得购买"和"愿意参与"问题，主要体现消费价值。

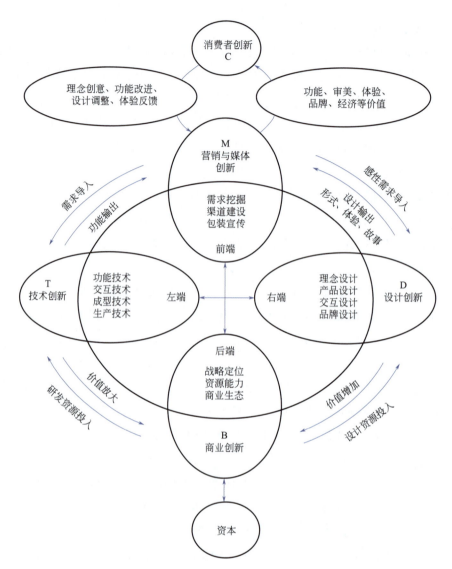

图 7-2 智能硬件 TDBMC 整合创新模式概念模型

表 7-1 TDBMC 的主要解决问题与体现

类别	主要解决问题	主要体现
技术创新（T）	使用、实现	功能价值、生产价值
设计创新（D）	美观、易用	审美价值、体验价值
商业创新（B）	盈利	经济价值、投资价值
营销与媒体创新（M）	认可度、影响	品牌价值、传播价值
消费者创新（C）	购买意愿	消费价值

/ 思考与练习

1. 什么是整合创新?
2. 简述整合创新设计思维在产品设计中的应用。

/ 7.2 / 整合创新设计的基本流程及设计原则

7.2.1 整合创新设计的基本流程

所谓"整合创新设计",是指从产品市场洞察、定位、设计到后期产品改造、销售的全过程中,必须考虑每个环节的关键点,并在此基础上给出全面的解决方案。产品设计既要美观又要方便工厂生产,减少企业投资,方便营销。

作为企业的产品设计服务商,如何将整合创新设计体系融入我们的设计工作中?首先,我们将在前期进行市场调研,并根据用户的需求,从企业客户的角度(移情)考虑和确定开发什么样的产品,选择什么样的技术和商业模式,促进相应产品的开发和生产。同时,设计总监还应根据产品生命周期协调研发、营销和运营,了解并配合相应的产品战略和一系列其他相关的产品管理活动。作为设计师,只有正确运用"整合创新设计思维",才能深刻理解产品和企业的需求,为企业提供全过程的服务。

想做一个好的产品,首先应为产品找到正确的方向,在正确的时间和地点做正确的事情。根据企业的资源禀赋和用户需求,确定产品的大方向对我们来说非常重要。然后需要准确定义产品的用户组和使用场景。过去,这些任务基本上是由研究部门完成的,然后输入给工业设计师,使工业设计师能够完成设定的产品要求。但这往往会导致理解偏差,使得设计师并不能设计出令人满意的产品。整合创新设计思维提倡建设性地处理对立意见。它不会牺牲一方来选择另一方,而是以创新的形式消除对抗。新意见包含一些反对意见的因素,并且优于反对意见的任何一方(图 7-3)。

图 7-3 整合思维

/ 案例分析

以多功能宝宝安抚椅设计为例，根据前期调研，产品定位主要以造型简约、功能组合、牢固可靠和情感交流为主，主要用户群体为母婴，使用场景为家庭室内。在实现主要安抚的功能前提下，增加情感互动、智能操控等其他重要功能（图7-4）。

方案一：基于前期调研，考虑综合创新性与安全性等因素后，形成此次设计的一个方案。主要创新点是功能上具有智能摇椅模式，母亲可以自由支配时间，无需时刻看护宝宝。结构上采用防侧翻底盘，保证宝宝的安全。可拆卸底座便于产品的安装，安抚椅顶棚可以悬挂安抚玩具，用来调节宝宝的情绪（图7-4）。

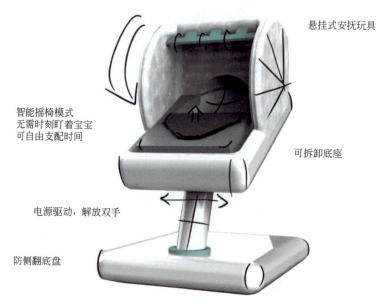

图 7-4　多功能宝宝安抚椅设计方案一（设计者：李思悦，桂电17级产品设计专业）

方案二：基于方案一，保留了智能摇椅模式和悬挂式安抚玩具，对底座进行了流线型圆弧防倾斜的设计改良，增加了遮光板折叠蚊帐，帮助宝宝进入深度睡眠。靠垫做了27度倾斜角设计，模仿母亲的怀抱，呵护宝宝的脊椎，贴合宝宝背部线条，同时增加了五点防护带，对宝宝的腿、胯部、腰腹进行防护（图7-5）。

方案三：基于以上设计，保留了智能摇椅模式、悬挂式安抚玩具、五点安全带、安抚椅可拆卸的功能。增加了对摇椅进行角度调节的功能，以满足不同需求。同时，在原本生硬的造型基础上进行改良，增添柔和感和圆润感；颜色上使用粉色更贴近婴儿的使用感；在安抚椅上安装了餐盘，完成餐椅+安抚摇椅的结合；增加了语音音响的功能，可使用App远程操作（图7-6）。

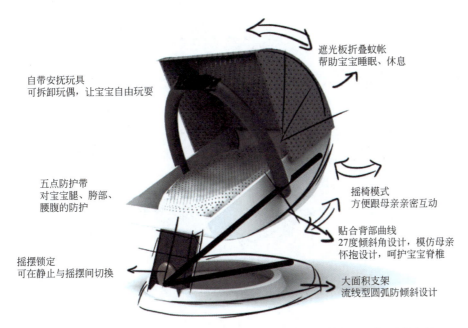

图 7-5　多功能宝宝安抚椅设计方案二（设计者：李思悦，桂电 17 级产品设计专业）

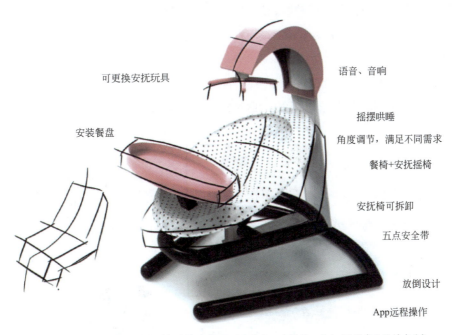

图 7-6　多功能宝宝安抚椅设计方案三（设计者：李思悦，桂电 17 级产品设计专业）

方案四：在方案三的基础上进行了造型改良，采用蛋壳外形，模仿妈妈的怀抱，让宝宝更舒适。增加万向四轮，可以一键刹车，使用静音，推动自由。采用金字塔结构，四点支撑增加其稳定性（图 7-7）。

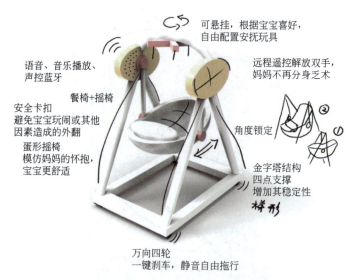

图 7-7　多功能宝宝安抚椅设计方案四（设计者：李思悦，桂电 17 级产品设计专业）

最终方案：基于以上四个方案的设计，集智能哄睡、安抚与成长餐椅功能于一体，适用于新生～4 岁的宝宝，解放妈妈双手，拥有安抚音乐、远程遥控、6 个自动档位的调节、感应起停等功能。智能哄睡功能可让宝宝重温母体，让妈妈拥有更多的闲暇时光；随心变化多种角度，让宝宝拥有更多舒适体验（图 7-8）。简而言之，多功能宝宝安抚椅的创新设计只有在满足安全性、舒适性、情感交流等方面的要求，以宝宝为中心，充分考虑其生理与心理特征，才能设计出"超人妈妈，智能相伴"的安抚椅。

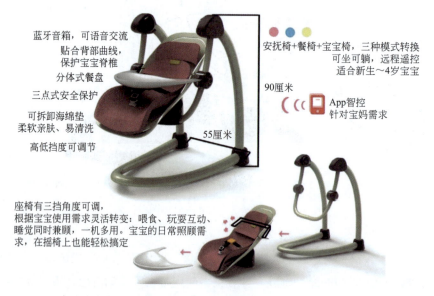

图 7-8　多功能宝宝安抚椅设计最终方案（设计者：李思悦，桂电 17 级产品设计专业）

整合创新设计思维要求工业设计师不仅要关注产品设计，还要接触平面设计、品牌设计、互动设计、视频制作等。设计师的技能范围越来越广，意味着设计师之间的分工越来越模糊。"模糊分工边界"并不是一个贬义的概念，而是表明现代设计师的能力越来越强。如何学习和使用这些额外的技能是我们应该思考的问题。

7.2.2 整合创新思维的设计原则

整合创新设计通过独特的设计给用户带来强烈的冲击感与良好的消费体验：优秀的整合创新设计体现在视觉效果上，一般能给用户较强的视觉冲击效果，使人印象深刻；而体现在内在结构或是其他产品流动环节中的整合设计，则可以优化产品，提升产品的核心专利技术竞争力。整合创新设计在实践的过程中，也会受到文化价值观、设计师的知识面及思维模式、固有产品体系结构等因素的影响。整合创新设计的方法主要有以下几种。

① 痛点挖掘法。整合创新设计作为设计的新形式，在设计产品、系统或是服务时，都需要从人当前或预期的切身需求出发。优秀的设计师往往善于发现机会，挖掘痛点。整合创新设计要求设计师不仅从本身的角度出发，更需要跨学科地挖掘既有的问题以及创造潜在的痛点。

② 尺度平衡法。整合创新设计是跨领域、跨维度的设计，不同领域之间的融合，过去、现在与未来融合，不同地域之间的融合，不同体感间的融合，往往是同时或有序进行的。整合创新设计无疑是复杂综合的。因此，把握好融合的尺度以及各部分之间的结构既是对设计师的重点要求之一，也是设计师掌握跨界融合的秘诀，是设计成功的方法之一。

③ 发展跟进法。随着经济全球化的不断发展与推进，设计的手段和渠道的不断发展，整合创新设计的展现形式、交互形式都有了更多的选择。社会需求随着经济文化的发展而不断发生变化，高速发展的科技不断给设计提供了新的技术支持，社会的变化日新月异，整合创新设计将科技与文化融合起来，使多领域、多维度交叉贯通。这要求设计师关注技术的更新、需求的变化，以发展的思维和眼光看待设计，在生活中做设计。

④ 生态闭环法。整合创新设计的理想是形成完善而闭合的产业链与生态链。从创意设计到生产营销，甚至是回收等环节；从元素的跨界融合到整合创新设计，到形成系列产品，到形成产业链，再到形成完善的产业链，其中每一步都需要大量的积累从而达到

质的飞跃。

⑤ 品牌文化法。虽然当下的文化创意市场处于百花齐放的状态，但仍存在许多元素被无序、随机而不加修饰地胡乱拼凑的问题，这不仅没有体现出整合创新设计的精髓，甚至成为 1+1>2 的失败加法。整合创新设计应在成功的设计之后深化方案，把握规律，提炼设计的亮点，在之前设计的基础上积累良好的口碑与经验，形成独特的品牌文化。

整合创新思维创造了各种新的想法、可能性和解决方案，在进行整合创新设计时，应该遵循以下 6 个原则。

（1）人性化原则

以往，设计强调以人为中心的原则（人性化原则），即凡是与人相关的设计要素，都属于人性化原则的范畴。主要的内容包括实用性原则，易用性原则，同样也是整合创新设计需遵循的最基本原则。实用性原则具体体现在产品具备的功能、性能上。产品符合目的性、规律性的最基本功能是评判设计优劣的最重要因素。而易用性则指产品和用户的关系是否和谐及其和谐程度。作为设计的新模式，整合创新设计不仅要坚守"以人为本"的设计理念，将出发点定在消费者一方，站在用户的角度进行思考，而且最终落脚点也是用户群体。比如，在产品改进过程中，公司不仅要关注客户想要什么，还要寻找客户不说但希望得到满足的隐性需求。

（2）社会性统筹原则

柳宗理曾提到"设计是社会问题"。这里对社会问题的理解不仅是对环境主义问题的思考，也是对社会上特殊群体的关怀性思考。优秀的设计节约资源，在材质以及生产回收环节都力求以最少的成本、最小的代价，达到最大的效果，以对环境保护做出贡献；同时，设计师在整合创新设计过程中应当考虑其他社会问题，例如老年人群体，残障群体等弱势群体，降低产品的"使用门槛"，使整合创新设计成果能造福更多群体。

（3）前瞻可持续原则

整合创新设计应具有前瞻性，不能只顾眼前，而应该放眼未来。具体而言，前瞻领先原则要求设计师具备前瞻性的设计思维，善于分析，把握规律，抓住趋势，对用户的需求与市场的走向有敏锐的嗅觉，做出预判，进而以符合规律性和目的性的方式进行元素融合重组和创新。同时,设计师还需要在社会意识上具有前瞻性。只顾眼前利益而忽略长远发展,这样的设计既是不公平的,又是不合理的,无疑是竭泽而渔的行为。领先原则要求设计师在设计行为中审时度势,分析身边的社会环境因素,注重社会伦理,做可持续的整合创新设计。

(4)反向颠覆性原则

卖得好的东西未必都是好设计,而好的设计也不一定卖得好。柳宗理大师曾提到过"真正的设计是与流行对抗的"。反向颠覆性原则强调设计需要大胆创新,研究事物相反方向的颠覆性思考,往往是跨界融合、整合设计的重大机遇之一。例如,最初为了有效地杀菌,微生物学家们费尽心机,通过大量的研究试验证明了细菌可以在高温中被杀死,所以食物可以在煮沸后保存,而科学家汤姆逊则逆向思考,推测可以通过低温使细菌停止活动。在深入挖掘后,冷藏技术面世了。反向思考对传统的思维模式是颠覆式的挑战,其打破固化的思维僵局,寻求新的解决方案。故此反向颠覆性原则的设计往往具有全新的、颠覆传统的创意概念,这本身就是一种超越。

(5)系统服务性原则

整合创新设计产品就是除了通过系统的方法来求出各种功能、结构、形态、人因、环境、科技、经济、文化、安全等传统要素的系统构成或耦合外,更要通过系统分析、过程管理、综合评价等决策,使产品得到服务体系设计上的最优解。

(6)优化继承性原则

整合创新设计优化包括方案的优化、设计参数的优化、总体方案的优化以及部分的优化,即要求设计者高效、经济、高质量地完成设计工作。继承是指批判地吸收,推陈出新,为我所用,既不能"拿来主义",也拒绝全盘否定。通过有选择地继承、优化,改进不适应当下整体环境的部分,设计师可以事半功倍地整理产品内在的发展逻辑,从而进行新的创造,不断超越。

/ 思考与练习

1. 简述整合创新设计的基本流程。
2. 简述整合创新设计的设计原则。

/ 7.3 / 产品整合创新设计案例

7.3.1 从社会、经济与技术因素中发掘问题

(1) 社会因素

社会是通过人际关系生活在一起的个体的集合,也就是人们形成的各种关系的总和。社会现象往往带有确定性、团体性、强制性的特点,具体来说,就是社会现象都是有目的、大众参与的并且会在人群中相互制约与影响的现象。进一步考察社会现象,可以将其分为两类:正面的常态现象、负面的病态现象。社会工作的任务就是弘扬正面现象,通过法律及道德等多种方式约束和纠正负面现象。通过对社会现象的分析,我们能够探索到产生这种现象背后的深层次原因。设计师也要思考如何为解决上述两方面问题提供有价值的方案,于是,新的产品机会便应运而生。想要从社会因素发掘产品机会,不妨试一下如下几种常用的方法。

① 资料分析。通过网络收集各种社会现象,进行因果分析、功能分析,从而获得多个产品机会。

② 文化探析。根据目标用户记录的资料了解用户。研究者需要向用户提供一个包含各种探析工具的包裹,帮助用户记录日常生活中产品和服务的使用体验。

在积累了一段时间的用户行为数据后,应为用户形成一个行为报告。我们试图通过用户的个人行为报告来反映产品价值,以满足用户对其历史行为的需求。为什么要费力地提取一个产品用户的历史数据,并帮助用户设计和开发用户行为报告?因为用户的个人行为报告既可以向用户表达对产品的理解和关注,也可以表达公司对产品的感受,又可以向用户解释使用本产品的好处。

③ 人群观察。通过特定人群的持续观察,设计师能研究目标用户在特定情境下的行为,深入挖掘用户"真实生活"中的各种现象、有关变量及现象与变量间的关系(图7-9)。

人是活动的主体,因此在前期调查中对人群进行分析是非常重要的。首先,我们需要绘制人群分析图,可以从多个逻辑角度进行综合分析。例如,不同年龄、性别和职业的人会有不同的活动模式和组织,对场馆的需求也会不同。此外,还需要分析现场的人员流动情况。不同空间、不同时期的特定行人流量是指导我们设计和规划的有用数据。对群体行为特征进行分析,结合不同群体的行为特征与网站。

④ 用户旅程。深入了解客户在某次行为或接受某次服务的各个阶段的体验感受。

用户体验旅程图是指从用户的角度出发,以叙述故事的形式呈现用户使用产品或接受服务的体验,并以可视化图形的形式呈现出来(图7-10)。用户旅程图的主要组成有四点。

第 7 章 产品设计的整合创新思维

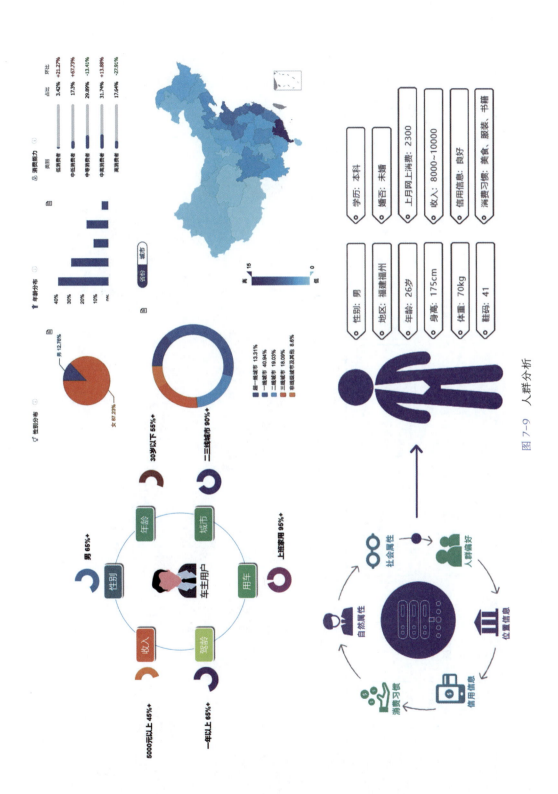

图 7-9 人群分析

产品设计思维

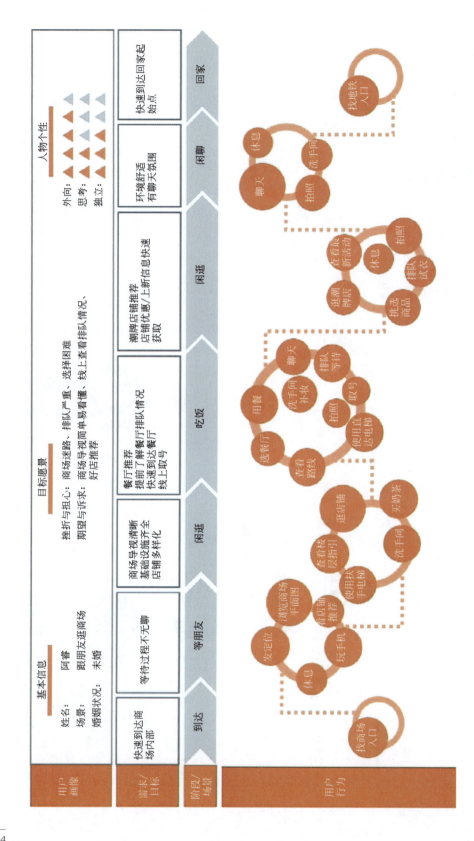

第7章 产品设计的整合创新思维

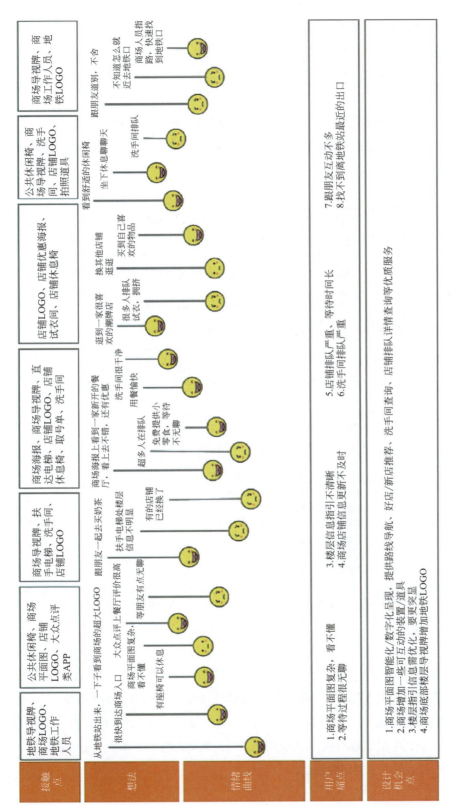

图 7-10 用户旅程图

a. 角色。这个角色要具体且细分,将当前任务的相关角色都列举出来,让具有代表性的用户都"跑"一遍流程。

b. 情景。指特定用户的特定场景,这里要具体到某一项任务流程。

c. 期望。要解决什么问题。

d. 其他。可以延续使用体验地图的行为、想法、情绪线、痛点、机会。

⑤ 思维导图。利用一种视觉表达形式,展示围绕同一主题的发散思维与创意之间的相互关系(图7-11)。

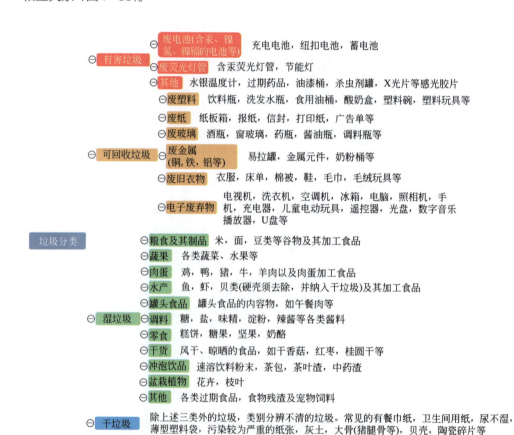

图 7-11 思维导图

垃圾分类是当前一个非常重要的问题。通过对不同类型的垃圾进行合理的分类,我们可以保护环境并更加关注这一问题。这张思维导图将垃圾分类,供大家参考。

⑥ 趋势分析。专注于研究3～10年内在某一领域内的社会变化。微型趋势(1年)主要研究产品,中型趋势(5年)主要研究市场,大型趋势(10年)主要关注消费,巨型趋势(10～30年)主要研究社会。

（2）经济因素

经济因素可以从如下三个指标进行产品机会识别。

① 经济发达程度。美国经济学家沃尔特·罗斯托将世界各国的经济增长划分为五个发展阶段：传统社会、起飞前夕、起飞阶段、成熟期和高消费期。前三个阶段属于发展中国家，后两个阶段属于发达国家。产品机会识别主要以目标人群所在地区的经济发达程度来判断人群的需求。

② 人均收入与消费水平。一般来说收入高则消费档次较高。

③ 人民的生活质量。人们在医疗、住房、交通、信息、餐饮、娱乐等方面的一般条件和消费水平。生活质量高对产品的品质要求也高，对价格较不敏感，给改进型的产品提供了更多的使用机会。

/ 案例分析

Grew（图7-12）不仅是一种模块化的桌子设计，也是一种具有非凡教育意义的工具。这是一张将自然与儿童联系起来的桌子。只要在每张桌子上加一个容器（花盆）就可以开始展示自然环境在我们生活中的重要性。孩子们每天都与盆栽植物互动，了解自己的行为对植物的发育至关重要。模块化产品设计是以较少的模块组成尽可能多的产品，具有精度高、性能稳定、结构简单、成本低等特点。对于用户来说，这是一个经济的解决方案。

图7-12　成长模块化桌子设计

(3) 技术因素

考虑技术因素一方面要对企业现有的技术进行了解和定位，另一方面需要将目光投向全球，了解最新的关于科技及制造方面的信息。设计师需要重点了解技术发展的历程以及最新的科研成果，对新材料、新工艺及解决方案的革命性变化要熟知。技术因素可以通过以下三个方法进行产品机会识别。

① 功能分析。分析产品（一系列过往产品）的功能技术结构的方法，能够很好地帮助设计师使用预设的功能去分析产品，并将功能和与之相关的各个零部件相联系，寻找新的技术实现方式。

/ 案例分析

节气果蔬汁个性定制贩售机（图 7-13）由内部和外部构成。内部由四个部分组成：果蔬汁加工单元，果蔬汁打磨或者加热后经过此胶囊流出；辅料添加单元，可以根据消费者的兴趣去选择自己喜欢的辅料；胶囊转盘设备关节，每次换料的时候扳动开关，拧开胶囊盖子添加或者清洗胶囊；电磁阀，可以自动控制胶囊口的开关。外部最下方的开口处，存储干净的饮用水与榨汁过程中产生的废水；中间部分，方便打开换料，清洗"胶囊"；上方为上翻式的水果存储仓库。功能图结合产品爆炸图，可以很清楚地看到贩售机的内部构造，有联动马达侧轴、转动链条、储料传感器、果蔬传送板、自动分装器口及电磁阀等部件。

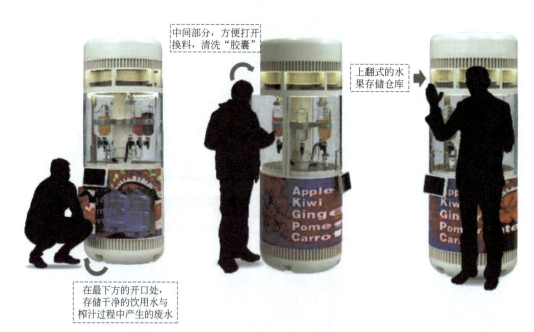

图 7-13 节气果蔬汁个性定制贩售机
（设计者：曾兰雅，桂电 17 级产品设计专业）

② 产品生命周期分析。就某产品生命周期进行分析，评估产品在整个生命周期（生产、销售、使用、报废）内对能源、材料及环境的负担。

/ 案例分析

此款学步车（图7-14）从提升产品使用周期、适应产品绿色设计趋势、实现资源的合理有效利用和满足用户多样化需求这四个方面出发，以模块化思路为设计基础，将学步车、助步车、滑板车通过模块化的方式组合为一体。用户通过各模块的简单拼装，可形成三种童车形态，满足用户的多样化需求，节约材料和能源，提高童车在儿童成长过程中的可持续使用时长，减少相关方面的经济开支。

图7-14　儿童学步车模块化创新设计

（设计者：杨鹏，桂电15级产品设计专业）

③ CMF（Color-Material-Finishing，颜色–材料–加工工艺）分析。大部分工程师认为CMF是连接ID（Industrial Design，工业设计）与工厂的一个枢纽，因此设计师必须非常熟悉工厂、工艺、材料，善于进行各种资源的整合，兼具创新性与严谨性。设计师们的看法更倾向于CMF是ID的一部分，是ID分工的细化。CMF作为产品外观设计的重要组成部分，主要进行基于颜色、材料和工艺的创新设计。结合以上两种观点，我们可以发现当代CMF是一个以美学为基础，以创新为导向的设计细分产业。通过设计，将颜色、材料和技术结合起来，赋予产品新的外观质量。

图7-15是儿童学步车模块化创新设计案例的第二个方案。设计师采用了CMF方法，分析了学步车所有部件的颜色、材料和加工工艺。可以看到，鞍座、轮胎和车把的材质均采用EVA，由模压硫化制成；车叉和车架是镁合金，经过电镀喷涂制成；车身采用环保级PP，表面加工工艺是原油喷涂。从案例中可以看出，CMF设计是核心，技艺为工具。CMF的多学科特性能帮助很多设计公司或企业设计部解决设计和制造脱节的问题，

使创意真正落地变成产品。

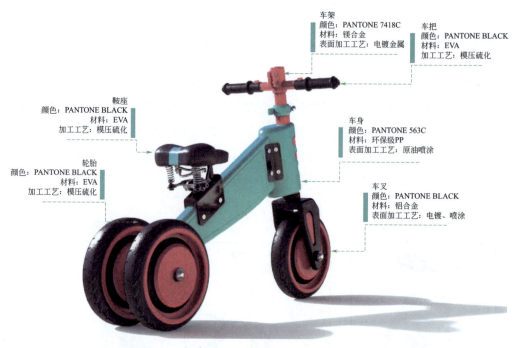

图 7-15　儿童学步车模块化创新设计

（设计者：杨鹏，桂电 15 级产品设计专业）

7.3.2　从目标用户的生活形态研究中发掘问题

目标用户是市场细分的一个因素，通过考察他们的生活方式及价值观，即生活形态，可以进一步将目标用户进行分类，以便总结获取目标用户的典型特征，得到用户画像。用户画像是从用户相关信息中抽象出来的带标签的用户模型，可以理解为给用户贴标签，判定一个人是怎样的一个人。创新设计产品的机会就在满足这些"具体"的人的需求中产生。

考察的内容主要围绕目标用户的生活方式展开，即一个人所表现的活动、兴趣和看法的生活模式。这是影响消费者购买行为的一个重要因素。研究生活方式的目的是勾勒出一个人在社会上的行为及相互影响的全部形式。该研究可以根据目标用户的活动（包括工作、爱好、运动、社交、度假、娱乐等）、观念以及统计学指标（年龄、性别、教育、收入、职业等）展开调研。

以下是一份关于用户生活形态的考察清单，基于如下因素的调研，可以把目标用户进一步细分为若干群体：

① 职业、教育程度、家庭结构、住房地理位置；
② 在家活动、居家时间、装修水平、户型；
③ 购物场所、消费场所；
④ 消费的主要产品。

案例分析

以针对下肢骨折患者的康复服务机器人设计为例，通过分析下肢骨折患者康复的方式，掌握患者在康复过程中所表现的生活模式（图7-16）。通过患者治疗的全过程勾勒出康复训练内容的行为及相互影响的全部形式，结合针对用户的心理、行为分析导出用户具体需求。产品的设计来源于用户的需求。

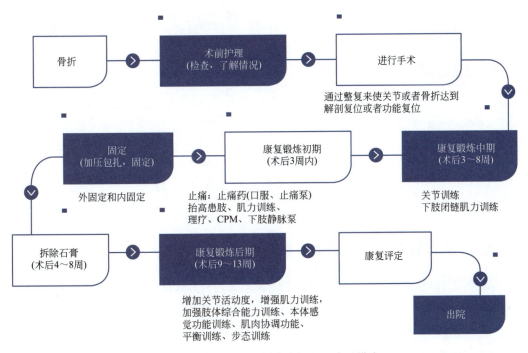

图 7-16　下肢骨折患者康复过程的生活模式

（设计者：杨钰琦，桂电15级产品设计专业）

7.3.3　从竞品分析中发掘问题

每一件成功的竞争产品都有其创新点，这些创新点都揭示了某项产品机会。仔细研究这些创新点，通过寻求新的解决方案从而创造新的产品也是比较易行的方式。

/案例分析

以儿童学步车模块化创新设计为例（图7-17），通过对儿童助行器竞争产品的分析，找出其他产品的优势，思考优势背后的东西，以及如何解决用户的痛点，总结出国内学步车以传统圆式为主，绝大部分都是可折叠的，质量轻，便于携带；使用时以脚蹬地的方式，通过万向轮向四周滑行；将婴幼儿固定在车内，车内有坐兜，在一定程度上使婴幼儿的安全得到了保障；但不足之处是外观虽有变化但整体结构大同小异。手推式学步车是近年兴起的新样式，利用手推的方式辅助孩子学步，让孩子们用自己的腿部力量站立和行走，是相对合适的学步方式，但是这类产品缺乏相应的保护措施，不能保证孩子的安全。可以通过找寻其他产品的优点和缺点，从而创造新的儿童学步车模块化设计。

可折叠、音乐盒　　八轮、落地刹车、大面积餐盘　　隐藏支撑脚自动锁定装置　　玩具盘、可拆卸

图 7-17　儿童学步车竞品分析

（设计者：杨鹏，桂电15级产品设计专业）

7.3.4　从自我观察与思考中发掘问题

基于设计师平时的观察，发现身边的各种问题，将其转化为解决方案也是发掘新产品机会的有效方式。通过对专业用户的访谈和观察，了解他们对所从事行业的意见和建议，从中发掘新的产品机会。应用同理心，通过体验目标用户的生活和工作，理解他人的不易，进而产生新的创意点并提炼出产品机会。这些方法在为特殊人群开发产品时往往非常有效。

/案例分析

以二孩家庭出行双座推车设计为例（图7-18）。家庭旅游作为一种集体旅游方式，有利于促进家庭成员之间的情感交流，增加儿童的社会实践体验，是情感教育的有效途径。与之前的三口之家相比，二胎家庭不仅增加了成员数量，而且增加了家庭活动合作的难度，父母的出行压力急剧上升。特别是在家庭旅游过程中，家庭成员之间的合作尤为重要。目前，市场上针对二孩家庭的产品设计很少，合作旅游产品尚未出现，不能很好地适应新政策下新的家庭结构。将符合家庭成员的生理、行为特点的产生动力装置合理集约在产品上，可满足各家庭成员的生理需求和心理需求，有效提升二孩家庭出行体验感。在改善解决二孩家庭出行的问题上有着迫切的需求和巨大的市场空间，因此在产品设计上存在极大的创新可能性。将家庭协作理念融入产品设计中可以大幅提高二孩家庭的出行体验。

对象	问题	诉求
家长	①在家庭出行时要负责两个孩子的出行，还要时刻关注各家庭成员的动态情况，有时会感到精力不足； ②担心安全隐患：孩子在刚出行时一般处于兴奋状态，经常乱跑，行动随意性大，在负责孩子出行的同时还要时刻关注孩子的行为，存在一定的安全隐患	童车与婴儿车是一个单纯的出行工具，同时也是负担，但在出行中又是不可缺少的，希望在功能上有所增加
大孩	①感觉被冷落：父母对二孩的过多关注使得大孩产生失落感，一方面希望自己被关注，另一方面作为哥哥、姐姐也会被要求关照弟弟、妹妹，难免会出现负面情绪； ②渴望被肯定：渴望能做力所能及的事获得父母的肯定，同时在弟弟、妹妹的面前树立正面的哥哥、姐姐形象	希望能够体现自己的价值，获得父母的肯定
二孩	①行动能力差：身心处于发育阶段，身体素质存在一定限制，行动能力受限，容易感到疲劳，给家长造成一定的压力和负担，影响家庭出行的旅途体验； ②情绪波动大而强烈：心智尚未发育完全，不能够对自我情绪进行控制，会出现强烈的情绪波动，需要父母的安抚	在交通载具上增添安抚功能，增强亲子交互

图 7-18　二孩家庭出行双座推车用户问题及需求

（设计者：朱劲帆，桂电 17 级产品设计专业）

7.3.5　从产品整合研究中发掘问题

对于产品设计创新，一般可以采取主题式的探究方法，通过发散思维寻找问题，集中思维分析问题，找到产品的创新机会，从而确定设计创新的概念。

/案例分析

以基于宠物出行场景的产品设计——Pet go 宠物航空箱设计为例（图 7-19），随着大批青年前往大城市工作、生活，以及年轻一代独立自主意识的加强，"养宠"逐渐成为越来越多的年轻人的选择。于是，宠物出行成为热点问题。设计师通过发散思维寻找问题，集中思维分析问题，找到宠物出行产品的新机会，从而确定设计某一消费场景及消费痛点，开发一站式宠物服务规划，为有需求的客户提供宠物安全托运服务的创新概念。

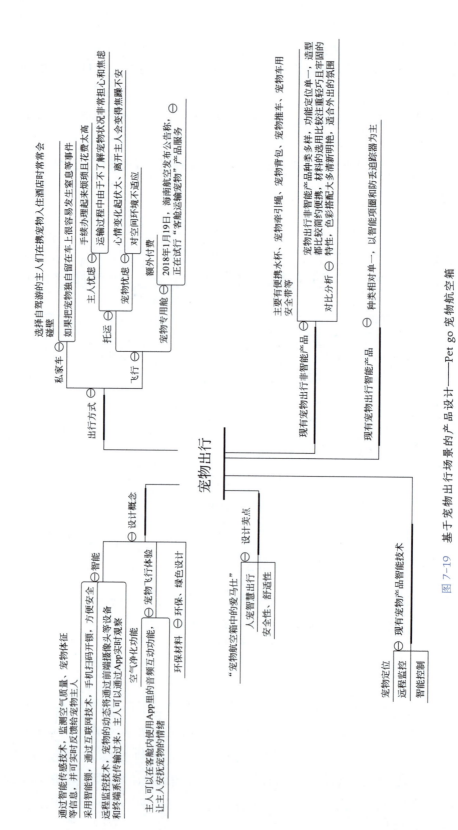

图 7-19 基于宠物出行场景的产品设计——Pet go 宠物航空箱

（设计者：练菲菲，佳电 17 级产品设计专业）

/ 思考与练习

1. 整合创新设计涉及哪些因素?举例说明可以从哪些方面发掘设计的价值。
2. 以自身学科方向为背景,针对身边的问题,发掘新产品设计机会。

参 考 文 献

[1] 保罗·兰德. 关于设计的思考 [M]. 吴梦妍, 译. 长沙: 湖南美术出版社, 2017.

[2] 维克多·巴巴纳克. 为真实世界的设计 [M]. 周博, 译. 北京: 中信出版社, 2013.

[3] 后藤武, 佐佐木正人, 深泽直人. 设计的生态学: 新设计教科书 [M]. 黄友玫, 译. 桂林: 广西师范大学出版社, 2016.

[4] 鲁百年. 创新设计思维: 创新落地实战工具和方法论 [M]. 北京: 清华大学出版社, 2018.

[5] 杨先艺, 杜卫. 中国传统造物设计思想导论 [M]. 北京: 中国文联出版社, 2018.

[6] 景楠. 中国现代家具设计创新的思想与方法 [M]. 南京: 东南大学出版社, 2016.

[7] 宗立成. 设计与生活方式变迁史: 现代设计与生活方式关系的思考 [M]. 西安: 西北大学出版社, 2018.

[8] 保罗·兰德. 设计的意义: 保罗·兰德谈设计、形式与混沌 [M]. 王娱瑶, 译. 长沙: 湖南文艺出版社, 2019.

[9] 原研哉. 设计中的设计 [M]. 朱锷, 译. 济南: 山东人民出版社, 2006.

[10] 霍金, 蒙洛迪诺. 大设计 [M]. 吴忠超, 译. 长沙: 湖南科学技术出版社, 2011.

[11] 深泽直人. 深泽直人 [M]. 路意, 译. 杭州: 浙江人民出版社, 2016.

[12] 佐藤大, 川上典李子. 由内向外看世界: 佐藤大的思考法和行动术 [M]. 邓超, 译. 北京: 时代华文书局, 2015.

[13] 布伦纳. 至关重要的设计 [M]. 廖芳谊, 李玮, 译. 北京: 中国人民大学出版社, 2012.

[14] 代尔夫特理工大学工业设计工程学院. 设计方法与策略: 代尔夫特设计指南 [M]. 倪裕伟, 译. 武汉: 华中科技大学出版社, 2014.

[15] 立德威尔, 霍顿. 通用设计法则 [M]. 朱占星, 薛江, 译. 北京: 中央编译出版社, 2013.

[16] 田中一光. 设计的觉醒 [M]. 朱锷, 译. 桂林: 广西师范大学出版社, 2009.

[17] 原研哉, 阿部雅世. 为什么设计 [M]. 朱锷, 译. 济南: 山东人民出版社, 2010.

[18] 苏珂. 产品创新设计方法 [M]. 北京: 中国轻工业出版社, 2014.

[19] 傅一笑, 王荣军, 田甜. 产品设计理论及其创新表现研究 [M]. 上海: 上海交通大学出版社, 2019.

[20] 刘春荣. 产品创新设计策略开发 [M]. 上海: 上海交通大学出版社, 2015.

[21] 章成华. 设计社会学 [M]. 合肥: 合肥工业大学出版社, 2018.

[22] 汤健. 设计进化——从产品设计、产业设计到社会化设计——汤健谈设计与扶贫 [J]. 设计, 2020 (18).

[23] 李慧君, 岳涵. 基于社会关爱型产品的设计方法研究 [J]. 设计, 2017 (23).

[24] 宫浩钦. 设计社会学研究 [M]. 北京: 中国轻工业出版社, 2015.

[25] 吴海红, 李兵作. 工业设计整合创新实战 [M]. 北京: 化学工业出版社, 2020.

[26] 曾越, 杨璐, 张蔚. 整合与创新 [M]. 成都: 四川美术出版社, 2016.

[27] 洛克伍德. 设计思维: 整合创新、用户体验与品牌价值 [M]. 李翠荣, 等, 译. 北京: 电子工业出版社,

2012.

[28] 鄢琳. 基于汉文化内涵的现代产品设计方法研究 [D]. 西安：西安工程大学，2015.

[29] 郑建启，李翔. 设计方法学 [M]. 北京：清华大学出版社，2012.

[30] 何盛明. 财经大辞典 [M]. 北京：中国财政经济出版社，1990.

[31] 张凌燕. 设计思维：右脑时代必备创新思考力 [M]. 北京：人民邮电出版社，2015.

[32] 马丽，何彩霞. 产品创新设计与实践 [M]. 北京：中国水利水电出版社，2015.

[33] 杨艾强，张愉，徐正. 产品造型设计艺术 [M]. 上海：上海书画出版社，1991.

[34] 陈楠. 设计思维与方法 [M]. 北京：中国青年出版社，2021.

[35] 高敏. 产品造型设计 [M]. 北京：机械工业出版社，1992.

[36] 许林，王云订，于芙蓉. 技术美学于产品造型 [M]. 北京：北京邮电大学出版社，1991.

[37] 布尔德克. 产品设计：历史、理论与实务 [M]. 胡飞，译. 北京：中国建筑出版社，2007.